JN418466

사회복지공무원의 공공사례관리

희망을 나누는 복지이야기

이영주

KNOWLEDGE COMMUNITY 공동체

추천의 글

공무원 활동가, '공공사례관리'를 살아내다

김인숙(가톨릭대 사회복지학과 교수)

이 책은 한 '공무원 활동가'가 공공영역에서 사례관리를 수행하면서 사람들을 만나고, 그들을 위해 제도를 활용하고, 자원을 동원하고, 돌봄을 제공하면서 사람들을 살리고 동시에 제도적 한계와 간극을 몸소 어떻게 메꾸어 나갔는가를 생생하게 보여준다. 그 내용을 총체적으로 보면, 그것은 어느 공무원 활동가의 '공공사례관리' 활동이라고 부를 수도 있다. 그러나 그것은 단순히 공공사례관리라는 개념화된 용어로 표현하기에는 너무 부족하다. 왜냐하면 그녀는 공공영역을 찾는 밑바닥 사람들(사례들)을 단순히 관리한 것이 아니라, 활동가적 정체성을 가지고 그들의 삶을 함께 '살아냈기' 때문이다.

이 책이 기존의 사례관리 저서들과 차별화되면서 가장 큰 장점이 되는 첫 번째 지점이 바로 여기다. 이 책의 저자인 이영주 선생은 공공영역에 접촉하는 많은 밑바닥 사람들을 살리기 위해 모든 가능한 제도적 장치를 끌어내고, 제도적 한계를 넘어서고, 민간과 연대하고, 법과 현실의 간극을 줄여가면서 그들의 삶을 함께 '살아낸다'. 따라서 이 책은 절차에 갇혀버린 딱딱한 사례집이 아니라, 한 공무원 활동가가 어떻게 제도들 사이사이를 뚫고 동분서주하며 밑바닥 사람들을 수면 위로 끌어내는지 그 생생한 모습이 그려져 있다. 독자들은 이 책을 쉽고 재미있게 읽으면서도 사례관리의 방법들을 추출해 낼 수 있고, 사회복지제도들이 어떻게 서로 연결되어 있는지를 알게 될 것이다.

사실, 이영주 선생이 사례관리의 이름으로 만난 많은 사람들과의 삶의 에피소드들은 내 마음을 달아오르게 하고 흔들었다. 가난하고 힘들게 살아가는 사람들에 대한 각성, 마음의 울림, 그 삶의 근저까지 다가가 보고 싶은 직업정신의 발동 등, 정신이 아찔할 정도로 아프기도, 공감을 불러일으키기도 하였다. 나처럼 이 책을 읽는 많은 독자들은 이영주 선생의 삶을 향한 진솔함과 열정을 마주하게 될 것이다. 사회복지사로서의 보람과 고됨, 힘과 무력함은 물론이고, 우리 사회의 일면적 진실과 마주하게 될 것이다. 또한 공공복지현장의 사례들의 맥락을 짚어보거나, 사회복지정책들의 공백과 현실과의 괴리를 생생하게 확인할 수 있을 것이다.

이 책이 기존의 사회복지현장의 사례를 다룬 책들과 차별화되는 두 번째 지점은 공공영역의 사례관리를 다루고 있다는 점이다. 우리나라 공공복지의 가장 큰 축을 이루는 복지이념은 '찾아가는 복지'이다. 정부는 이 찾아가는 복지를 위해 본격적으로 사례관리 방법을 끌어들였다. 각 지방자치단체들의 다양한 공공복지 모델 안에서만이 아니라, 중앙정부의 공공복지 모델에서도 사례관리는 핵심 방법이다. 일반적으로 사례관리는 마치 민간영역의 전유물처럼 여겨졌었다. 그러나 몇 년 전부터 사례관리는 공공복지의 핵심도구이자 전략이 되었다. 그러나 아직 공공영역에서의 사례관리가 어떻게 이루어질 수 있는지에 대한 이론적 논의나 절차 등에 대해서는 아직 정리된 바가 거의 없다. 이런 상황에서 이 책은 공공영역에서의 사례관리, 즉 '공공사례관리'를 다룬 생생한 자료를 제공해 줄 것이다. 따라서 이 책은 '공공사례관리'의 전체적 모습을 그리고 체계화하기 위한 실마리를 얻는 데 사용될 수 있을 것이다.

이 외에도 이 책의 용도는 다양하다. 공공영역의 사례관리를 보여주는 전문적 사례집으로 활용되는 외에도, 경우에 따라서는 독자들에게 삶의 위로가 되기도 하고, 정책을 개선하기 위한 실마리를 제공해 주기도 하며, 가난하고 힘들게 살아가는 사람들을 위한 열정을 불러일으켜 주는 자극제가 되기도 할 것이다. 지도학생이기 이전에, 중년의 한 동년배 여성의 그간의 너무나 인간적인 삶의 여정에 찬사와 박수를 보내며, 이 책이 공공복지 영역에서 사례관리에 관심을 가진 많은 사회복지사들에게 널리 사용되기를 바란다.

글을 시작하며

작은 친절이 세상을 바꾼다

'차면 넘친다'는 말이 있다. 사회복지공무원으로 일하기 시작한 지 25년이 지났고, 그동안 참으로 많은 사람들을 만났다. 물론 같이 근무했던 동료공무원들의 수도 헤아릴 수 없이 많지만 사회복지공무원이기 때문에 만나야 했던 어려운 이웃들은 훨씬 더 많았다. 사회복지사로서의 만남은 공적으로 이루어졌지만 좋은 인연이 되어 고마움을 느끼기도 했고, 당장 공무원을 그만두고 싶을 만큼 힘든 적도 있었다.

그렇게 쌓아온 수많은 사연들을 이제는 덜어내고 싶었다. 사랑도 미움도 모두 내려놓고 싶은 마음으로 용기 있게 이 글을 시작했다. 이제 내게는 사회복지공무원으로 일할 시간이 그리 많이 남아 있지 않다. 얼마 남지 않은 시간 동안 지금까지보다는 더 따뜻하고 더 사랑하는 마음으로 상처 입은 사람들의 손을 잡아주고 싶다.

"작은 친절이 세상을 바꾼다."

그동안의 부족함과 미안함을 채울 최선의 문장이다. 담당자가 없다고 그냥 돌려보내버린 노인, 병원 치료기록이 없어서 지원해 줄 수 없었던 환자, 근로능력이 있기 때문에 수급자 책정이 안 되는 실직자, 낮에는 자고 밤에만 일어나서 컴퓨터 앞에 앉아 있는 무기력한 젊은이, 하루종일 술만 마시는 아들과 함께 사는 늙은 어머니들…

이렇게 많은 사람들의 아픔과 어려움에 진정으로 가슴 아파했는지를 스스로에게 물어본다. 담당자는 아니라도 민원이 생겼을 때 함께 나서서 해결해 주기도 했지만, 공연히 나섰다가 귀찮은 일을 당하거나 손해

볼 일이 생길까 봐 그냥 눈길을 돌려버린 일도 있었다. 하지만 이제는 잠시의 귀찮음과 작은 손해의 두려움을 벗어버리자. 그래야 상처와 고통에 억눌려 도망갈 곳 없어 마지막 문고리를 잡은 사람들 편이 되어 줄 수 있을 것이다.

'우리가 과연 제대로 해낼 수 있을까?'

매번 요청되는 사례를 대하면서 항상 드는 의문이었다. 우리에게 사례관리대상자로 의뢰된 사람들이 살아온 내용과 현재 살아가는 모습을 알고 나면 정말로 자신이 없어진다. 어떤 경우에는 숨이 막힐 것 같은 느낌조차 들기도 한다. 어떻게 이런 상황에서 살아낼 수 있었는지도 의문이었지만, 과연 우리의 도움으로 이들이 정말 좋아질 수 있을지에 대한 의심은 항상 계속된다. 하지만 우리에게 온 대부분의 사례들은 처음보다 훨씬 좋아진 상태에서 우리와 헤어지게 된다. 아마도 그래서 앞으로도 계속해서 이 일을 할 생각을 하는지도 모르겠다. 아주 캄캄한 어둠에서 작은 한 줄기 빛을 발견하는 기쁨처럼 말이다.

2014년 3월 보건복지인력개발원에서 운영하는 복서원 과정에서 처음 글을 쓰기 시작할 때는 24년간의 공직생활을 정리하는 것에만 의미를 두었다. 24년간의 일기를 한꺼번에 모두 쓴다는 느낌으로 말이다. 그런데 조금씩 글이 완성되어 가면서 책으로 묶어내고 싶다는 욕심도 조금씩 늘어가기 시작했다. 나의 부탁으로 내가 쓴 글을 읽어준 사람들의 작은 칭찬에 잘난 척하기 좋아하는 내 마음이 크게 동요되기 시작한 것도 크게 한몫을 했을 것이다.

하지만 책을 만드는 일이 이렇게 힘든 일인 줄 정말 몰랐다. 여러 가지 우여곡절을 겪은 끝에 작년 12월 보건복지인력개발원에서 묶어준 '통통해서 행복한 사회복지공무원'이라는 작은 책이 나왔다. 비록 볼품은 없었지만 나름의 의미를 가진 이 책은 개발원의 이선자 부장님, 김은옥 과장님, 임수미 선생님의 아낌없는 지지로 만들어질 수 있었다. 그리고 지역의 많은 사람들에게 축하를 받았고 '우리끼리 출판기념회'를 하느라 여러 차례 술판을 벌이기도 했다. 부천이라는 그리 넓지 않은 지역에서 20년이 넘는 기간 동안 나와 함께해 준 민간영역의 사회복지사들이 없었다면, 나는 절대로 이 글을 쓸 용기를 내지 못했을 것이다. 혼자서 해결하지 못해 끙끙거릴 때, 함께 달려와 도와준 그녀들에게 깊은 애정을 보낸다.

현장에서 직접 사례관리를 담당하며 대상자들을 만나기 위해 늦은 저녁까지 일하는 경우가 허다하다. 그들과 함께 울고 웃는 힘들고 고단한 일에 무작정 달려들어 하나씩 해결해 나가는 부천시 무한돌봄센터의 이연숙, 김명선, 함석신 사례관리사 선생님들과 함께한 몇 가지 사례도 함께 기록했다. 또한 바쁜 일정에도 불구하고 원고교정과 함께 사례관리 내용과 책의 구성에 대하여 꼼꼼하게 살펴보고 지적해 준 가톨릭대학교의 하지선 선생님께 감사를 드린다. 그리고 책이 만들어질 수 있도록 지원해 주고 틀을 짜주고 예쁘게 디자인해 주신 공동체 출판사의 김동근 전무님과 편집부 직원분들께도 깊은 감사를 드린다. 그렇게 책을 만들어 가는 과정 중에 또 하나의 기쁜 소식을 들었다. 업무와 관련된 책을 출판하는 경우에는 부천시에서 일부를 지원하기로 했다는 소식이었다. 이 자리를 빌려 김만수 부천시장님과 관련부서에 진심으로 감사의 말씀을 전하고 싶다.

부끄러운 글의 초고를 들고 찾아가서 추천의 글을 부탁했을 때 흔쾌히 승낙해 준 김인숙 교수님은 내게 참된 사회복지사로서의 의미를 주신 분이다. 글의 시작부터 끝까지 애정 어린 충고와 도움을 주신 교수님께 깊은 감사를 드린다.

2015년 7월
저자

차 례

몇 년 전 파주에 있는 어느 수목원에 갔을 때, 멀리 보이는 평화로운 풍경을 보았다. 이렇게 좋은 수목원에 휠체어를 탄 노인을 모시고 나온 중년의 여인은 누구일까? 딸인지, 며느리인지, 아니면 간병인인지 알 수는 없었지만, 휠체어에 앉은 노인을 보면서 함께 평화로워졌다.
내가 늙어 기력이 없을 때, 이렇게 평화로운 곳에 나를 데리고 와줄 누군가가 있으면 '참으로 행복할 것' 같다. 세상에서 가장 행복한 사람은 죽을 때 행복한 사람이라고 한다. 살아 있는 동안 행복한 것은 '단지 운이 좋았다'고 이야기할 수 있을 뿐이라고 한다.

내가 경험한 사례관리

이 책은 사회복지공무원이 공공복지현장에서 클라이언트를 만나고 그들이 가진 어려운 문제를 함께 해결하면서 진행된 사례관리를 중심으로 쓰여졌다. 하지만 이 책에 실린 대다수의 내용들은 '사례관리'라는 단어가 공공복지현장에서 공식적으로 사용되기 이전부터 진행되어 온 것들이다. 사회복지사들이 현장에서 울고 웃으며 일해온 과정을 이제는 사례관리라고 이야기하고, '사회복지의 꽃은 사례관리'라고 말한다.

공공복지현장에서 공식적인 사례관리의 시작은 2010년 경기도 무한돌봄센터 설치사업으로 시작되었다고 할 수 있다. 2011년부터 경기도 무한돌봄사업이 성공적으로 지역에 정착되면서, 2012년 보건복지부 희망복지지원단이 출범하게 되었다. 전국 지방자치단체에 희망복지지원단이 설치되고 통합사례관리사가 채용되면서 공공사례관리가 시작되었다. 경기도는 2011년 30개 시군에 무한돌봄센터와 89개 민간네트워크팀을 운영하기 시작했으며, 2012년 보건복지부 희망복지지원단의 전폭적인 지원에 의하여 인력충원 및 조직개편이 이루어질 수 있었다. 경기도는 현재까지 「무한돌봄센터」라는 명칭을 공식적으로 사용하고 있다.

현재 전국 지방자치단체 희망복지지원단과 무한돌봄센터에는 941명의 사례관리사들이 근무하고 있다. 처음에는 시군에만 배치되었던 사례관리사들이 현재는 주민들을 가장 가깝게 찾아갈 수 있는 동 주민센터에도 배치되어 사례관리를 진행하고 있다. 그렇다면 이렇게 짧은 기간 동안 사례관리를 전문으로 하는 조직이 전국적인 조직망이 될 수 있었던 것은 무슨 이유인지를 생각해 보았다.

'여러분은 어떤 사회를 바라시나요?'라는 주제로 한겨레신문에서 2015년 광복 70주년 기념 새해기획 여론조사를 실시했는데, 10명 중 8명이 '복지와 평등'을 꼽았고, '경제적 풍요'를 선택한 사람은 1.5명으로 10년 전보다 반으로 줄었다(한겨레사회정책연구소 여론조사, 2015.1.1., 한겨레신문 발췌).

이와는 조금 다른 이야기로 많은 사람들이 '복지병'을 이야기하고, 과다한 복지예산을 우려한다. 내가 근무하는 부천시도 전체 예산의 40%가 넘는 돈이 복지예산으로 사용된다. 10년 전에는 복지예산이 부천시 전체 예산의 20%에도 미치지 못한 것과 단순 물량으로 비교해 보면 2배 이상 행복해졌어야 하는데, 결코 그렇지 못한 것이 현실이다. 사회복지공무원들이 흔히 겪고 있는 단순하지만 해결되지 않는 사례를 이야기하고자 한다.

할머니와 함께 사는 기초생활수급자 가정의 아이가 고등학교를 자퇴했다. 분기별로 교육비를 지원하는 과정에서 확인되어 발견하는 경우이다. 이런 가정은 대부분 어린 시절 부모의 이혼이나 가출 혹은 한쪽 부모의 사망으로 인한 또 다른 부모의 행방불명 등으로 이루어진 조손가정인 경우가 많다. 이런 경우에 이들의 친인척이나 혹은 동네 통장, 이웃사람들은 동 주민센터에 찾아와서 이 가정의 보호를 요청한다.

사회복지공무원들은 가능한 한 빠른 시간 내에 이 가정을 방문하고, 부양의무자의 재산, 소득 조사를 거쳐 최대한 빠른 시간 안에 이들을 기초생활수급자로 책정한다. 이제 이들은 비록 넉넉하지는 않지만 생계비와 주거비를 매월 지원받으며, 병원에 가더라도 대부분 무료로 치료받을 수 있는 의료급여증을 제공받는다. 물론 아이가 학교에 가게 되면 급식비나 등록금은 당연히 면제된다. 또한 조부모나 친인척이 아동을 보호하는 경우에는 가정위탁 보호비를 추가로 지원한다. 이제 아이에게는 생계비를 포함한 많은 것들이 국가에서 무상으로 지급된다.

이렇게 다양한 혜택 때문에 가끔 사회복지공무원들은 '빈곤한 부모를 가진 것보다는 차라리 없는 게 낫다'는 냉소적인 이야기조차 한다. 하지만 결코 적지 않은 복지예산이 아이에게 투입되었음에도 불구하고 아이는 학교에서 성적부진, 왕따, 가출 등의 경험을 하고 결국 학업을 포기하는 경우가 많다. 고등학교를 자퇴한 손자 때문에 동 주민센터를 찾아온 할머니의 한숨과 눈물 때문이기도 하지만, 아이의 장래를 위하여 우리는 아이에 대한 상담을 시작한다.

사회복지공무원은 다시금 이 아이를 자립을 위한 기술습득을 위해서 고용지원센터에 공문을 보내고, 전문 직업상담사와 연계한다. 하지만 이 아이가 건강한 청년으로 사회에 진입하는 것을 기대하는 일은 매우 어렵다. 10년이 훨씬 넘는 기간 동안 공적부조를 지원하고 성실한 후원자와 연계해서 지속적으로 아이를 지원했지만, 결과는 잿빛이었다. 이런 사례를 종종 겪으면서 나는 사회복지공무원으로서 많은 혼란과 절망을 겪었다.

나는 사회복지공무원이 되고 나서 지역에서 어렵게 살고 있는 사람들을 만났다. 매일 만나야 하는 그들은 경제적인 문제뿐만 아니라 함께 살고 있는 가족의 장애나 정신질환, 폭력 등으로 인해 도저히 혼자서는 해결할 수 없는 고통 속에서 생활하고 있는 경우가 많았다. 그들의 어려움을 풀어내기 위해 동료직원들과 회의를 하고, 지역자원을 끌어들여서 하나씩 해결해 나갔다. 때로는 힘들고 지쳐서 포기했던 적도 있었지만, 고맙다고 눈시울을 적시며 돌아서는 사람들을 바라보는 것만으로도 행복할 수 있었다.

하지만 우리가 만나는 사람들 대부분은 매우 어려운 상황에서 혼자 힘으로는 도저히 해결할 수 없거나 삶의 끝자락에서 마지막 끈이라도 잡기 위해 찾아오는 경우가 대부분이다. 그들이 가족들과 함께할 수 없는 여러 가지 사연을 듣다 보면 화가 나기도 하고 가엾기도 하지만, 어쨌든 도움이 필요해서 우리를 찾아온 사람들이다. 그런 사람들에게 우리가 지원할 수 있는 것은 여러 가지가 있다. 기초생활수급자 선정, 의료보호 혹은 긴급지원 대상자 선정, 고용이나 자활센터 연계가 있다. 도움이 필요한 사람들을 지원하기 위해서는 우선 해당법과 관련지침의 기준에 적절하게 맞아야 한다. 소득과 재산, 근로능력 그리고 부양의무자와 관련한 내용들이다. 하지만 문제는 그들의 실제 상황은 기초생활수급자보다 더 어려운데, 적절한 법을 적용해서 지원할 수 없는 경우이다. 이럴 때 답답한 건 우리도 마찬가지이다. 그런데 이런 답답함을 해결해준 것이 공공사례관리의 시작 덕분이라 할 수 있다.

단순한 경제적 지원만으로 불행하게 사는 사람들이 행복해질 수 없다는 사실의 공유가 공공사례관리 시작의 시초가 되었을 것이다. 그동안 사례관리는 민간의 영역이었다. 사회복지관에서 사회적 취약계층의 사례관리를 담당하였으며, 민간상담센터에서 여성, 노인, 청소년 등의 상담치료를 진행해 왔다. 그동안 정부는 사회의 취약계층에게 단지 현금과 현물을 지급하는 복지서비스를 주로 행해왔다. 비록 조금 늦은 감은 있지만 지금이라도 전국 지방자치단체의 희망복지지원단과 무한돌봄센터에서 공공사례관리를 시작할 수 있게 된 것은 참으로 다행스러운 일이다.

사례관리를 진행하다 보면 빈곤의 해결만으로는 그 가정이 가지고 있는 여러 가지 문제가 해결되지 않는 경우가 대부분이다. 그런 가정의 경우 아동학대, 성폭력, 자살 등이 발생하거나 그럴 위험이 높은 경우가 많다. 또한 가족의 갑작스러운 사고나 사망 등으로 경제적·사회적 위기상황에 직면하게 되는 경우도 있다. 알콜이나 마약 중독 등의 물질중독 문제, 게임이나 도박 등 행태 중독 문제, 조현병, 우울증 등 정신질환 문제를 가지고 있으나 치료를 위한 적절한 지원체계와 연결되어 있지 못한 경우에도 신속한 사례관리를 필요로 한다. 그리고 사례관리대상자 혹은 가족원이 보호관찰이나 교도소 수감 등 법적 체계와 직접 연결되어 있는 경우에도 사례관리를 필요로 한다.

동 주민센터나 경찰서, 혹은 이웃주민의 요청으로 사례관리가 시작이 되고, 우리는 사례관리대상자를 만나게 된다. 하지만 초기상담을 진행하면서 드는 대부분의 생각은 절망감이다. 그런 후에 우리는 스스로 '이 사례를 제대로 진행할 수 없을 것' 같은 무력감에 휩싸인다. 도대체 어떻게 이런 상황, 이런 가족관계에서 살아낼 수 있었는지에 대한 의문과 함께 말이다. 하지만 사례관리대상자와의 만남을 시작하고, 그들이 가진 강점을 조금씩 찾아내기 시작하면서 우리는 작은 희망의 싹을 키우기 시작한다. 가끔은 간신히 자라난 작고 여린 싹이 뭉개져 버리기도 하지만 말이다. 그렇게 작은 싹을 키우다 보면 조금 더 자라서 연두색의 여린 잎이 되고, 푸르고 싱싱한 잎으로 자라기도 하고, 드물기는 하지만 가끔 열매를 맺는 경우도 있다.

현장에서 사례관리사들은 참으로 다양한 대상자들을 만난다. 이 책에 기록된 다양한 사례가 이야기하는 것처럼 우리들의 힘으로는 도저히 해결될 수 없을 것 같은 사례들이다. 노숙자들을 상대로 성매매를 하다가 임신이 되었고, 머뭇거리다 열 달이 지나버리고 길거리에서 출산을 한 여자, 오랫동안 수급자로 보호받았지만 당장 잘 곳이 없어진 노인, 본드 흡입으로 모든 것이 망가져 버린 젊은 여인 등 도대체 어떻게 한 번뿐인 자신의 귀중한 삶을 이렇게 엉망으로 만들어 버릴 수 있는지에 대해 이해가 되지 않는 경우가 많다. 하지만 그들이 가진 당장의 현실이 그렇다 하더라도 삶의 모든 것을 놓아버린 그들의 손을 사례관리사들이 잡아주어야 한다. 우리마저도 그들의 손을 잡아주지 않는다면 그들은 세상과 맞잡은 손을 영영 놓아버릴지도 모르기 때문이다.

지난 몇 년 동안 나는 경기도와 부천시에서 신규 사회복지공무원들을 대상으로 현장사례관리 실무에 대한 강의를 해왔다. 실제 사례를 들어가며, 힘들고 어렵게 살아가는 사람들의 해결되지 않을 것 같은 문제를 해결하고자 노력했던 이야기를 하면 신규 공무원들의 눈이 유난히 반짝거렸고, 고개를 끄덕이며 공감을 해주었다. 오랜 시간이 지난 후에도 신규 공무원들은 혼자서 해결되지 않는 문제가 생겼을 때 내게 전화를 해서 어렵고 힘든 문제들을 의논하곤 했다. 아마도 신규 공무원들과의 강한 공감형성이 이 책을 출판하게 된 가장 큰 계기가 되었다고 할 수 있다.

처음에 글을 시작할 때는 지난 25년간 사회복지공무원으로서 일하며, 깊은 공감을 느꼈던 기쁨과 슬픔을 기록하는 것으로 만족했다. 하지만 글을 마무리하면서 나는 깊은 고민에 빠지게 되었다. 내가 기록한 이 이야기들을 누군가와 나누고 싶다는 마음이 조금씩 자라기 시작했다. 그리고 그 마음이 크게 자라서 작지만 세상을 이롭게 하고 싶은 소망을 담은 책이 되었다.

삶이라는 늪에 빠져 혼자 힘으로는 도저히 빠져나오지 못하는 그들을 위해 사례관리사들은 '살아내기 힘든 세상이지만 당신은 절대로 혼자가 아님'을 알려주고 신뢰를 쌓아간다. 그들이 조금씩 우리 사회에서 살아가기에 적절한 일반화를 갖추며 회복되어 가는 것을 보면서, 우리는 또 다른 사례관리대상자를 만날 수 있는 힘을 키우게 된다.

오늘도 사례관리사들은 정신병원으로, 반지하방으로, PC방으로, 지하철역으로 사례관리대상자들을 만나러 간다. 그들에게 깊은 경의를 표하며, 그냥 내 주위에 있는 모든 것에 감사할 뿐이다.

Chapter 1

법과 현실 사이

얼마나 힘들었을까?

콩쥐 팥쥐 이야기

우표 값도 아까워요!

자가(自家)의 개념

약속을 지키는 일

얼마나 힘들었을까?

“상반기 확인조사에 부양의무자 소득이 떴어요. 지방에 사는 미혼 아들이 1인 가구라 소득이 높지 않아도 ‘부양능력 있음’으로 판정되어 이번 달 말에 수급자 보호를 중지할 수밖에 없어요.”

그녀는 할머니라고 말하기엔 미안한 63세였지만, 실제의 모습은 일흔이 훨씬 넘어보였다. 구청 사회복지과에서는 2009년 상반기 기초생활수급자 소득과 재산, 부양의무자 확인조사 과정에서 지방에 사는 아들의 일용소득으로 인해 부양비가 부과되었기 때문에 그녀의 수급자 보호를 중지하겠다고 동 주민센터에 통보했다.

구청 사회복지과에서 기초생활수급자 보호가 중지될 것이라는 전화를 받고 처음으로 그녀에 대한 그동안의 상담기록을 확인했다. 평생 동안 남편의 외도와 폭력으로 고통을 받았던 삶, 그러다가 남편은 여러 가지 갈등으로 함께 살던 내연녀를 살인하고 구속되었다. 그녀의 실낱처럼 유지되던 자식들과의 삶은 곧바로 풍비박산 나버렸다. 스무 살이 넘은 아이들도 어디론가 떠나버리고, 몸과 마음 모두가 병든 그녀는 보증금 100만 원짜리 월세방에 혼자 살게 되었다.

2007년에 기초생활수급자로 처음 책정되었고, 비록 반지하의 좁고 어두 컴컴한 방이었지만 그녀는 편안했다. 더구나 근처에 있는 작은 의원의 원장님은 돈을 받지 않고 치료를 해주었다. 그녀는 기초생활수급자 의료보호 1종이었기 때문에 지병인 혈압과 당뇨약을 마음 편히 처방받을 수 있었다. 지난 어버이날에는 원장님이 어버이날 선물이라며 영양제라는 것도 놓아주었다. 60평생에 처음으로 맞아본 영양제가 링거줄을 타고 한 방울씩 떨어지는 것을 보며, 자신이 꼭 귀부인이 된 것 같았다고 했다. 기초생활수급자로 책정된 그녀는 이렇게 나름의 작은 행복들을 누리며 살고 있었다.

며칠 후 구청에서 보낸 기초생활수급자 보호중지 공문은 나를 곤혹스럽게 만들었다. 그러나 나는 그녀에게 중지내용을 알릴 수밖에 없었다. 구청이나 시청은 동 주민센터보다 상급기관이며 결정기관이다. 동 주민센터의 수급자 담당인 나는 구청 담당자의 중지확정 공문을 따를 수밖에 없다. 아무리 절박한 상황이라고 간절히 이야기해도 소용없는 짓이다. 그렇다고 '원칙'을 준수하는 그들을 비난할 수는 없었다.

기초생활수급자 보호가 중지된다는 내 말을 전해 들은 그녀는 기쁜 일인지 슬픈 일인지 알 수가 없다고 했다. 돌이켜 생각해 보니 그녀는 지난 2년이 제일 행복했었다고 했다. 집에 들어오면 폭력을 휘두르고 난동을 부리던 남편을 무서워할 필요도 없었고, 엄두조차 내지 못했던 병원치료도 받을 수 있었다. 매월 20일이면 마치 월급처럼 생계비가 나왔다. 아들은 일 년에 한두 번 전화를 해서 안부를 묻곤 했지만, 오래전 집을 나간 딸은 어디 사는지조차 알지 못했다. 그런데 그런 아들이 지방 어디에선가 일을 해서 소득이 높아졌다고 하니 좋은 일임은 분명한데, 그로 인해 기초생활수급자 보호가 중지된다고 하니, 그녀에게는 청천벽

력과도 같았다.

"수급자로서 혜택이 중지되어도 김서영의원에서 무료로 치료해 드리기로 했으니 병원치료는 너무 걱정 마세요. 그리고 쌀은 동 주민센터에 들어오는 후원품으로 매달 드릴 수 있을 거예요. 그리고 후원금이 들어오면 제일 먼저 연결시켜 드릴게요. 분명 다른 무슨 방법이 있을 거예요."

나는 그녀를 위로하기 위해 빠르게 말을 이어갔다. 하지만 그녀의 절망과 상심을 위로할 수는 없었다. 병원치료와 쌀은 어찌 해볼 수 있겠지만, 당장 다가오는 월세와 공과금은 어찌할 것인가? 가장 큰 문제는 세상과 그녀를 연결하는 마지막 하나의 끈이 떨어져 나갔다는 절망감이었다.

상담이 거의 끝나갈 무렵 갑자기 그녀는 수급자에게 지급되는 쓰레기봉투를 달라고 했다. 그동안에는 동 주민센터에서 주는 것이 너무 많다며 가져가지 않았던 것이다. 그녀는 쓰레기봉투를 모두 받아가지고 갔다.

며칠이 지난 어느 날, 아침 일찍 그녀가 나를 찾아왔다. 기운이 하나도 없는 창백한 얼굴이었지만 마음이 편하다는 말과 함께 내게 '잘 있으라'는 인사를 남기고 갔다. 난 곧바로 이어지는 다른 민원에 치여 오전 내내 그녀를 생각할 겨를이 없었다. 오후가 되어서야 갑자기 '훅' 하고 알지 못할 두려움이 밀려왔다. 얼른 복지도우미 두 명에게 그녀의 집에 가보라고 이야기를 했다.

"큰일 났어요. 온 방 안에 피가 낭자해요. 방 안에 살림살이도 모두 깨끗하게 치워져 있어요."

복지도우미는 급하게 119로 연락을 했고, 그녀는 인근 종합병원으로 실려가서 열세 군데나 되는 복부의 깊은 상처를 수술받았다.

우선 구청에 연락해서 긴급의료비 지원을 신청을 했다. 그녀의 기초생활수급자 보호를 중지했던 구청 담당자는 긴급지원 담당자와 함께 급하게 병원을 방문해서 그녀가 수술을 받을 수 있도록 도왔다. 그녀는 이미 의료급여도 중지된 상태이고 건강보험도 없었다. 더구나 자해에 의한 경우는 의료비가 일반으로 적용되어 매우 비싸다고 했다. 하지만 구청 사회복지과에서는 그녀의 치료를 위해서 긴급의료비를 전액 지원했다. 그녀의 수급자 보호를 중지했던 구청 담당자의 놀람도 매우 컸을 것이다. 사회복지공무원으로 일하는 과정에서 수행한 업무로 인해 누군가가 자살을 시도했다면 그것만큼 큰 과오는 없을 것이다. 법적인 책임을 따지기 이전에 사회복지공무원인 우리에게 그것은 씻을 수 없는 큰 상처가 될 테니 말이다. 어쩌면 다시는 그 일을 할 수 없을 만큼 충격으로 남게 될지도 모른다.

구청 담당자는 그녀의 부양의무자인 아들에 대한 상황을 다시금 파악하기 시작했다. 그동안 연락이 되지 않았던 지방에 있는 아들은 뒤늦게 연락이 되어 확인해 보니 이미 3개월 전에 실직된 상태였다. 구청 담당자는 아들에게 실직을 확인할 수 있는 서류를 제출하도록 했고, 곧바로 아들의 부양비 부과금액을 삭제할 수 있었다. 다시 그녀는 기초생활수급자로 책정이 되었다. 국가에서 다시 그녀를 보호할 수 있게 된 것이다.

한 달 정도의 입원치료를 받고 퇴원한 그녀는 이전의 보호 상태로 돌아갈 수 있었다. 하지만 이렇게 죽음과 삶의 험한 과정을 거친 후에 다시 그녀를 원상태로 돌려놓은 구청 담당자가 원망스러웠다. 조금만 더 세심하게 상담기록을 살펴보고, 보호를 중지하기 이전에 한 번 더 부양의무자에 대한 조사가 이루어졌다면 이렇게 가슴 아픈 일을 막을 수 있었을 것이다. 그녀가 자살을 결정하기까지 품었을 서늘한 마음을 느껴 보는 일은 너무 슬픈 일이었다.

우리가 현장에서 일을 할 때 법을 무시하면서 일을 할 수는 없다. 기초생활보장법에 의해서 수급자를 책정하고 보호하지만, 또한 기초생활보장법에 의해서 중지해야 하기 때문이다. 물론 경제적 여건이 좋아졌음에도 불구하고, 다양하고 교묘한 방법으로 중지를 어렵게 만드는 수급자들도 가끔 있다. 하지만 보호와 중지의 경계선에 있거나 도움이 되지 않는 부양의무자 때문에 법과 지침의 칼날을 들이대야 할 경우에는 현장에서 일하는 사회복지공무원으로서는 많은 부담이 따른다.

하지만 우리는 '부담'이라는 단어에 불과하지만, 그들에게는 '생명'일 수도 있다는 사실을 일깨워 준 슬픈 경험이었다.

콩쥐 팥쥐 이야기

전화선 너머로 그녀는 엉엉 울고 있었다. 그녀는 너무 화가 나서 자신의 억울한 사정을 이야기를 할 수 없을 만큼 흥분해 있었고 마구 소리를 질렀다. 우선 그녀의 분노와 억울함이 가라앉아야 이야기를 할 수 있을 것 같아 나는 최대한 차분하게 설명하려고 노력했다. 그렇게 울면서 화만 내지 말고 가족들과 관련된 본인의 이야기를 설명해 달라고 했다. 그리고 자세한 내용은 편지로 써서 보내달라고 했다. 그러면 최선을 다해서 내가 그녀를 도울 수 있는 방법을 찾아보겠다고 이야기했다. 조금씩 시간이 지나면서 그녀의 화가 가라앉기 시작했고 전화를 끊을 때쯤에는 간간히 작은 흐느낌이 섞인 대화를 하게 되었다. 그리고 이틀 후, 그녀의 편지가 도착했고 편지내용을 요약해 보면 다음과 같다.

그녀는 아버지가 외도로 낳아서 데리고 들어간 아이였고, 아버지네 집은 농사를 짓고 있었다. 그녀는 초등학교에 입학하면서 아버지네 집으로 가게 되었고 그 집에는 여러 명의 언니와 오빠들이 있었는데, 특히 큰엄마는 너무나 무서웠다. 큰엄마와 언니들은 툭하면 그녀를 꼬집고 때렸다. 비록 시골이었지만 언니와 오빠들은 고등학교까지 다녔다. 하지만 그녀는 중학교도 간신히 졸업했다. 그마저도 큰엄마가 등록금을 주지 않아 툭하면 학교에서 쫓겨 오기 일쑤였다. 그런 이야기를 어찌 전해 들었는지 생모의 남동생이 등록금을 내주어 중학교를 다닐 수 있었다. 열 살 무렵부터 밥값을 하라는 큰엄마의 매와 욕설이 무서워서 학교에서 돌아오면 밤늦게까지 농사일과 부엌일을 했다.

그리고 그녀는 중학교를 졸업하자마자 집을 떠났다. 공장에 다니다가 미용기술을 배웠고, 지금의 남편을 만나 결혼을 하였다. 결혼식에는 호적상의 부모님인 아버지와 큰엄마가 자리를 채워주었고, 남편은 그녀의 이런 과거를 알지 못한다. 그런데 만일 남편의 소득 때문에 큰엄마의 기초생활수급자 보호가 중지되어 생계비가 나오지 않게 되면 큰엄마와 언니들은 그녀를 가만두지 않을 것이고, 이러한 사실을 남편이 알게 되면 그녀는 이혼을 당하게 될지도 모른다. 벌써 몇 차례 큰엄마와 언니들이 그녀에게 전화를 해서 욕을 하고 난리를 쳤다고 했다.

그녀의 큰엄마인 할머니는 오랫동안 부천에서 기초생활수급자로 보호받았다. 이번 부양의무자의 확인조사에서 막내사위의 소득 때문에 수급자 보호가 중지될 수도 있다는 이야기를 들은 할머니는 동 주민센터에 찾아와서도 마구 소리를 질렀다. 내가 낳지도 않은 것 때문에 기초생활수급자 보호가 중지되면 그년을 가만두지 않겠다고 했다. 자기 딸들도 그년을 가만두지 않을 것이라고 했다. 평소에도 동 주민센터에 찾아와서 사회복지공무원들을 많이 괴롭히는 할머니였다. 생활도 어려운 노인이 암 투병 중이라 몸이 괴롭고 힘들어 그럴 것이라 생각했지만 그녀의 이야기를 듣고 나니 나도 그 할머니가 미워졌다.

"할머니, 젊었을 때 남편이 바람 펴서 속 많이 썩으셨겠네요? 그래도 막내딸 너무 구박하지 마세요. 부모 맘 상하지 않게 제대로 잘 사니 얼마나 다행이에요."

나도 마음속으로는 할머니를 꼬집어 주고 싶었지만 내가 할머니를 미워하지 않아도 충분히 힘들게 사는 노인이었다. 본인이 낳은 사 남매 모두 어머니를 부양할 능력이 없는 상황이라면 구태여 설명이 필요 없는 것이다.

가족관계등록부에 친딸로 되어 있었지만 실제로는 그렇지 않은 내용과 어린 시절부터 그녀가 다른 가족들과 함께 살아온 내용을 친필로 적어서 우편으로 보내달라고 했다. 그리고 그녀의 평안한 가정을 지켜주기 위해서 사회복지공무원인 우리가 최대한 협조하겠다는 이야기를 덧붙였다. 그녀가 보내준 편지는 가족관계등록부상 친딸인 그녀가 부양의무를 질 수 없는 '사유서'로 사용하기 위해서였다.

그녀의 우편물이 동 주민센터에 도착하자마자 바로 부천시생활보장심의위원회에 관계단절심의를 올렸고, 2주 후 시청 사회복지과에서 큰엄마와 그녀의 가족관계단절승인 공문이 도착했다. 곧바로 할머니에게 기초생활수급자 계속 보호가 확정된 것을 알려드렸더니, 할머니는 고맙다며 영양차 한 상자를 사들고 동 주민센터에 오셨다. 할머니 몸도 약하신데 집에 가지고 가셔서 많이 드시라고 했더니 얼른 다시 들고 가신다. 팥쥐 엄마처럼 얄미운 할머니였지만 뒤돌아 나가는 모습을 보니 측은지심의 마음은 마찬가지였다.

사회복지공무원은 법과 지침에 맞게 일해야 한다. 하지만 현실은 그럴 수 없는 경우가 종종 발생한다. 그럴 때 나는 법보다는 사람을 선택하고자 노력한다. 만일 내가 복지현장에서 정확한 법과 지침을 적용해서 처리를 할 경우에 발생할 수 있는 불행을 생각해 보면 금방 결론이 나기 때문이다. 스스로의 힘으로 간신히 살고 있는 가정에 부양의무의 책임을 들이대어 그 가정마저 불행의 싹을 키우는 일을 막는 것이 사회복지공무원인 우리가 해야 할 일이다. 무엇보다 사람이 우선되어야 하는 게 정답임은 분명하다!

TIP

부양의무자란?

기초생활수급자 책정보호를 받기 위해서는 신청자의 소득기준과 재산기준이 맞아야 합니다. 또한 부양의무자의 소득 및 재산 기준도 적절해야 합니다. 부양의무자는 수급권자의 1촌 직계혈족으로 부모, 아들과 딸이 되며, 1촌 직계혈족의 배우자인 며느리, 사위, 계부, 계모 등이 포함됩니다.

그런데 문제는 수급자의 자녀가 사망한 경우에도 사망한 자녀의 배우자는 부양의무자의 책임이 있으며, 재혼할 경우에만 부양의무자의 책임이 면해집니다. 복지현장에서 많은 민원이 발생하는 부분이기도 하지요.

부양능력은 부양능력 있음, 부양능력 미약, 부양능력 없음으로 구분하는데요, 부양능력이 있더라도 부양이 불가능한 상황이거나 부양을 기피하는 경우에는 부양의무자 기준을 적용하지는 않습니다. 물론 부양능력이 있는 자녀가 고의로 부양을 거부하는 경우에는 인정이 되지 않습니다. 하지만 부모자녀 사이에 '관계단절'이 인정되는 경우에는 지방생활보장심의위원회의 심의를 거쳐서 '부양의무 없음'을 인정하는 경우가 많습니다.

조금 이해가 되셨나요? 사회복지는 법과 지침을 적용하더라도 여러 가지 예외규정이 많기 때문에 정확한 판단은 사회복지공무원에게 직접 상담을 받아보시는 것이 가장 정확하답니다.

우표 값도 아까워요!

기초생활보장제도의 문제점을 이야기하면 가장 먼저 제기되는 것이 부양의무에 관한 내용이다. 부양의무자와 관계단절을 인정할 수 있는 증빙자료가 첨부되는 경우에는 공무원들도 별다른 부담 없이 기초생활수급자로 계속해서 생계비를 지원할 수 있다. 하지만 그렇지 못한 경우에는 사회복지현장에서 가장 많은 갈등이 생기는 부분이기도 하다.

실제로 기초생활수급자인 부모와 부양의무자인 자식과의 가족관계 단절을 인정하기 어려운 경우에 여러 가지 문제가 발생한다. 다시 한 번 이들 가족의 아픈 상처를 끄집어내 후벼 파는 입장이 될 때는 우리도 참으로 어렵고 힘들다.

얼굴도 기억나지 않는 어느 독거노인의 이야기이다. 이 노인은 오랫동안 기초생활수급자로 보호받았다. 그런데 일 년에 두 번씩 실시하는 기초생활수급자 확인조사에서 소득이 있는 자식이 확인되어 재조사가 필요한 경우였다. 하지만 이 노인은 오랫동안 혼자 살아왔으며 자식들이 어디에 사는지조차 알지 못한다고 했다. 나는 노인에게 자식들의 소득과 재산에 대한 확인서류가 필요하다고 이야기했고, 만일 확인서류가 제출되지 않으면 기초생활수급자 보호가 중지될 수도 있다고 자세하게 설명했다. 하지만 노인은 한 달 넘게 지나도 서류를 해오지 못했다. 오히려 담당자인 내 마음이 다급해져서 자식들에게 두 차례나 편지를 보냈지만, 자식들로부터는 아무런 회답이 없었다.

부양의무자인 자식들의 소득이 '부양능력 있음'으로 파악되고, 노인의 가족관계 단절이 인정되지 않으면 다음 달부터 생계비가 지급될 수 없게 된다. 아무리 매일 하는 업무이지만 이럴 때는 공무원들의 마음도 심란해진다. 그 노인은 자식들의 전화번호를 모른다며 가만히 앉아 있을 뿐이었다.

여러 가지 방법으로 자식의 연락처를 조회했고, 몇 번의 통화시도 후에 나는 노인의 딸과 전화통화를 할 수 있었다. 그녀에게 노인이 현재 기초생활수급자로 보호받고 있으며 매우 어렵게 살고 있다는 것을 설명했다. 그런데 이번 확인조사에서 부양의무자인 자식의 높은 소득이 확인되어 노인이 계속 보호를 받기 어려운 상황이라고 이야기했다. 그러니 노인의 수급자 보호를 위해서 소득과 관련된 증빙자료를 보내달라고 이야기했다.

그녀는 처음에는 내가 왜 그런 서류를 제출해야 하는지 이해할 수 없으며, 절대로 서류를 보낼 수 없다고 완강하게 거부했다. 그녀와 이야기하는 동안 나도 점점 화가 났지만 노인의 생계보호를 위하여 꼭 서류를 보내주어야 한다고 이야기했다. 만일 서류를 보내주지 않으면 노인은 당장 생계가 매우 어려워질 것이라고 이야기했다. 나의 길고 장황한 설명을 아무 말 없이 듣고 있던 그녀가 이렇게 대답했다.

"이런 것을 꼭 보내야 한다면, 수신자 부담으로 보낼 테니 그리 아세요."

전화선 너머의 목소리는 화가 나 있었지만 싸늘했다. 그녀가 이야기한 내용은 대충 이렇다. 그녀는 그런 사람이 내 아버지였다는 것조차도 기억하기 싫다. 그런데 이제 와서 구차하게 그런 사람을 위하여 나에게 '부양의무 확인서'라는 것을 보내라고 하다니! 만일 꼭 보내야 한다면 우표 값도 아까우니 수신자 부담으로 보내겠다고 했다. 나는 그녀의 입장을 이해할 수 있을 것 같았지만 그래도 '훅' 하고 올라오는 불쾌한 감정을 억누르지는 못했다.

"마음대로 하세요. 우리에게 수신자 부담으로 받을 수 있는 우표 값 예산은 없습니다. 서류를 보내주지 않으면 아버지의 수급자 보호는 이번 달 말로 당장 중지됩니다."

다음 날 빠른 등기우편으로 그녀의 '부양거부 사유서'가 도착했다.

그녀의 부양거부 사유서는 기초생활보장심의위원회에 제출되었고, 심의위원들은 그녀가 제출한 사유를 인정해 주었다. 이제 노인은 특별한 사유가 없는 한 사망할 때까지 기초생활수급자 보호를 받게 된다. 그리고 노인이 사망하게 되면 우리는 다시금 부양의무자에게 아버지의 사망과 함께 장제비 지급에 대한 내용을 알리게 될 것이다.

자가(自家)의 개념

사회복지공무원이 만나는 사례는 참으로 어렵고 힘든 일이 많다. 하지만 그중에서도 가장 화가 나고 해결하기 힘든 일은 부모가 자식을 괴롭히는 일에 개입해야 하는 것이다. 우리는 이것을 '아동학대'라고 말하는데, 그중에서 특히 더욱 힘들고 어려운 것은 나이 어린 소녀가 가족으로부터 지속적으로 성폭행이나 학대를 당하는 경우이다.

세 명의 딸을 둔 가장이 있었다. 집안에서 그는 유일한 남자였고 가족을 먹여 살리는 폭군이었다. 그의 처는 지체장애를 가지고 있었고 심각할 만큼 무력감과 열등감에 시달리고 있었다. 그녀는 남편의 폭력으로부터 본인은 물론 세 명의 딸들을 지킬 수 있는 힘을 가지고 있지 못했다.

이 사례는 ADHD 증상을 가진 초등학교 5학년인 막내딸이 학교에 가서 집안의 이상한 상황을 친구들에게 이야기하는 것에서 시작되었다. 아동에게 아빠가 집에 있을 때 언니들에게 하는 이상한 행동에 대해 이야기를 들은 담임선생님은 아동보호전문기관에 신고하였다. 곧바로 경찰조사가 시작되었고 그 집의 가장은 즉시 구속되었다.

가장의 구속으로 당장의 생계가 막막한 네 명의 여자가족을 위하여 구청에서는 긴급생계비를 지원하였으며, 시청 무한돌봄센터에서는 사례관리대상자로 선정해서 이 가족을 보호하기 시작했다. 그런데 3개월이 지나자 문제가 생겼다. 근로능력이 가능한 가족원이 있는 경우에 긴급생계비 지원은 3개월까지만 가능하다. 엄마는 지체장애 4급이라 '근로능력 미약'으로 판정받아 국가에서는 근로를 강하게 요구하지는 않는다. 하지만 스무 살인 큰딸은 몇 달 전까지는 3급 장애인이었지만, 장애재진단서류를 제출하지 않아 현재는 장애등록이 중지된 상태였다. 서류상으로는 큰딸이 근로능력이 있다고 판단할 수밖에 없었다. 나와 구청 담당자 사이에 긴급생계비 연장에 대해서 전화로 몇 번의 대화가 오고 갔지만, 구청 담당자는 동 주민센터에 이 가족의 긴급지원 생계비지원 중지공문을 통보했다.

당장 살아갈 아무런 힘이 없는 네 명의 가족은 어찌하라고요?

"나 장애인 아니에요. 이런 서류 안 내요."

몇 달 전 동 주민센터에 와서 장애인 재진단서류를 담당자 책상 위에 던져버리고 간 20대 초반의 여자가 있었다. 이상하다고 생각했던 젊은 여자가 바로 이 가정의 큰딸이라는 것을 아는 것은 어렵지 않은 일이었다. 그녀는 10대 중반에 정신장애 3급 진단을 받고 일반 고등학교의 특수학급을 다녔고 졸업을 했다. 2년 만에 다시 장애진단을 받아야 한다는 안내문을 받은 큰딸은 엄마의 간곡한 만류에도 불구하고 정신장애등록을 거부한 것이었다.

엄마는 지체장애 4급으로 심한 우울감에 시달리고 있으며, 장애판정을 거부한 스무 살짜리 큰딸, 중학생과 초등학생인 두 명의 딸로 이루어진 이들 가족이 생계를 유지할 방법을 찾아야 했다. 또한 세 명의 딸을 가진 엄마는 자기 딸을 지속적으로 성폭행해 온 남편이 구속된 것에 대해서 매우 염려스러워했다. 엄마의 증상과 유사하게 세 명의 딸들도 지속적인 학대를 받은 아이들이 보이는 일종의 '분리불안' 증상을 보이고 있었다.

그런 가족들에게 긴급으로 지원되는 생계비를 중지시킨다면 어찌한다는 말인가? 나는 구청 담당자와 전화통화를 하면서 목소리를 높였다. 근로 무능력가구는 9개월까지 지원할 수 있는 근거가 있으니, 그것으로 지원을 해달라고 요구했다. 만일 그렇게 해주지 않는다면 부천시기초생활보장심의위원회의 위원장인 부시장님을 직접 만나서 이 가정의 어려움에 대해서 보고하겠다는 협박 어린 협조를 요청했고, 그것은 통했다.

이 가족에게 가장 필요한 것은 무엇일까?

우선은 이 가족에게 생계비 지원이 확정된 6개월의 기간이 남아 있었지만, 스스로 설 수 있는 힘이 없는 이들에 대한 강력한 지지자원이 필요했다. 큰딸과 상담을 진행하면서 잘할 수 있거나 하고 싶은 것이 무엇인가를 물었다. 그녀는 아주 작은 소리로 컴퓨터를 제일 잘할 수 있다고 했다. '잘할 수 있다'고 말할 수 있는 것이 한 가지라도 있으니 얼마나 다행한 일인지 모른다. 나는 곧바로 그녀를 지역자활센터의 컴퓨터 교육과정과 연결을 했고, 그녀는 엄마와 함께 가서 상담을 했다.

오랜 시간 자폐라는 높은 울타리를 쳐서 아무도 자기의 영역으로 들어오지 못하도록 했던 그녀가 몇 개월의 컴퓨터 교육으로 변화 혹은 사회 안으로 입성하기를 기대한다는 것은 말도 되지 않는 일이었다. 하지만 폭군으로부터의 해방과 스스로의 삶을 선택해 가는 과정은 그녀를 변화시키는 시초가 될 것은 분명했다. 또 하나, 폭력의 직접적 대상이었던 둘째 딸과 ADHD 증상을 보이는 셋째 딸은 아동보호전문기관과 학교에서 지속적으로 상담을 진행하고 있었다. 아! 온몸으로 아빠의 폭력을 받아낸 가엾은 아이들이었다.

6개월은 참 빠르게 지나갔다. 나는 이 가족이 기초생활수급자 신청을 할 수 있도록 서류준비를 도왔다. 수감된 남편의 집이 좀 마음에 걸리긴 했지만, 그들은 그곳에 살 수밖에 없기 때문에 어쩔 수 없는 일이었다. 수급자 신청을 하고 나서 2주 후, 이들 가족의 수급자 신청에 대해 시청 사회복지과에서 '부적합'이라는 확정공문이 왔다. 탈락의 사유는 이들이 살고 있는 집이 자가(自家)이기 때문이었다.

또 한 번의 담판이 필요했다. 수급자 선정 시 시청에서는 부시장님이 위원장인 심의위원회가 개최된다. 법적으로 불가한 것들이 심의위원회에 상정된다고 해서 모두 '적합'으로 바뀔 수는 없지만, 정말 필요할 때는 위원회 위원들의 진심 어린 마음이 필요하다. 그래서 나는 별도의 사유서를 첨부해서 다시 수급자 신청을 했다. 별도의 사유서에는 '자가(自家)'란 내가 처분할 수 있는 권한이 있어야 하며 가족들을 몹시 심하게 괴롭히다가 구속된 다른 가족의 소유인 집에 이들 네 명의 모녀들은 무료임차로 거주하고 있다는 사실을 강조했다. 다행히 심의위원회에서는 이 가정의 주거실태가 '무료임차'임을 승인해 주었다. 이렇게 해서 이들 네 모녀는 기초생활수급자로 보호받게 되었다.

'그래서 왕자와 공주는 행복하게 살았습니다.'

어린 시절 읽었던 동화 이야기처럼 끝날 수 있다면 얼마나 좋을까?

몇 년이 지난 지금도 이 가족의 고통은 진행 중이다. 둘째는 고등학교에 진학을 했고 셋째는 중학생이 되었다. 큰딸은 컴퓨터를 배우다가 도저히 취업이 될 수 없다는 판정을 받았다. 이후 자활센터 사회복지사의 권유로 사회적 기업 사업단에서 일을 하고 있다. 하지만 아직도 사람들과의 관계에 관련된 여러 가지 문제가 발생되고 있었다. 20년 남짓한 그녀의 삶에서 주위를 인지하기 시작한 15년 이상을 폭력의 두려움과 공포 속에서 살아왔으며 나를 낳아준 엄마도 자신을 지켜줄 수 없다는 사실이 뼛속 깊이 내재된 그녀에게 얼른 건강해져서 경제적 능력을 가진 건강한 사회인이 되라고 요구하는 것이 얼마나 어리석은 일인가를 또다시 깨닫는다.

그녀는 지금도 사례관리대상자로 상담 중이다. 하지만 함께 일하는 사업단에서 그녀를 잘 돌보아 주는 '멘토 언니'가 생겼다. 담당 사례관리사는 3개월에 한 번씩 그녀와 멘토 언니와 함께 만나서 차를 마시거나 식사를 하기도 한다. 그러면서 아주 조금씩 변해가고 적응해 가는 그녀의 모습을 느끼기도 하고 이야기로도 듣는다. 느리지만, 아주 조금씩 변화해 가는 그녀를 보면서 또 하나의 작은 희망을 꿈꾼다.

TIP

기초생활수급자 책정 시 재산기준에 대하여 알려드릴게요

기초생활수급자 책정보호를 위한 중요한 기준 중에 한 가지가 재산기준에 관한 것입니다. 물론 앞에서 이야기한 것처럼 소득과 재산기준, 근로능력 등도 기준에 맞아야 하지만, 모든 것을 다 설명하려면 너무나 많기 때문에 여기에서는 재산기준 중에서 주거에 대해서 부천(중소도시)을 기준으로 알려드릴게요.

구 분	대도시	중소도시	농어촌
근로무능력가구	1억 원	6,800만 원	3,800만 원
근로가능가구	5,400만 원	3,400만 원	2,900만 원

1. 가구원 중에 '근로능력이 있는 사람'이 있으면서 주택이 5천만 원인 경우

– 주택가격 5천만 원에서 3,400만 원을 공제하고 남는 1,600만 원에 대해서 일반재산 소득환산율(월 4.17%)을 적용해서 지급되는 생계비에서 공제합니다.

  - (5,000만 원 – 3,400만 원) × 4.17% = 667,200원

2. '가구원 모두가 근로무능력 가구원'이면서 주택이 8천만 원인 경우

– 주택가격 8천만 원에서 3,400만 원을 공제하고 남는 4,600만 원 중, 3,400만 원에 대해서는 주거용재산 환산율(월 1.04%)을 적용하고, 나머지 1,200만 원은 일반재산 환산율(월 4.17%)을 적용해서 지급되는 생계비에서 공제합니다.

  - (8,000만 원 – 6,800만 원) × 4.17% = 500,400원
  - (6,800만 원 – 3,400만 원) × 1.04% = 353,600원

* 근로무능력 가구란 만 65세 이상 노인가구, 조손가구, 장애나 질병으로 인해 가족 모두가 일을 할 수 없는 가구를 말해요.

너무 어렵지요? 예전에는 사회복지공무원들이 직접 계산했지만, 요즘은 모든 게 전산처리되기 때문에 그다지 어렵지는 않아요. 정말 어려운 문제는 집을 소유하고 있는 경우나 전세보증금이 높은 경우에는 수급자로 보호받을 수 없다는 것이지요. 물론 집이 있고 소득이 있는 사람을 기초생활수급자로 보호하는 것은 옳지 않지만, 위의 사례처럼 사정이 정말 딱한 경우도 종종 생긴답니다.

약속을 지키는 일

동 주민센터를 찾아와 어려움을 호소하는 사람들 대부분은 정말 어려운 사람들이다. 하지만 도움을 요청하는 어려운 사람들을 도와주기 위해서는 적용할 수 있는 법과 지침에 맞아야만 한다. 사회복지사업법이 있기 때문에 도움이 필요한 사람들을 도와줄 수 있는 것처럼, 그 법으로 인해 도움을 줄 수 없기도 하고, 그동안의 지원을 중지하기도 한다.

남루한 모습으로 동 주민센터를 찾아온 40대 후반의 남자였다. 남자의 가족은 네 명이라고 했다. 남매는 중고등학교에 다니고 있고, 몸이 약한 애들 엄마가 식당에 나가서 일을 해서 먹고 살았다. 본인도 노동일을 했지만, 몸이 약해서 요즘은 거의 일을 나가지 못한다. 가끔 새벽노동시장에 나가보지만 일자리를 구하지 못하고 그냥 돌아오는 날이 태반이란다. 이번에 고등학교에 입학한 아들의 등록금도 내야 하고 교복도 사줘야 하는데 당장 막막해서 찾아와 봤단다. 가장으로서 가족들을 볼 면목이 없었다. 죽고 싶다고 했다.

그런데 사회복지공무원으로서 이 가정을 지원할 방법이 없다. 부부가 모두 몸이 약하지만, 큰 병이 있는 것도 아니고 병원치료 기록도 없다.

긴급지원을 할 수 있을 만큼 갑자기 큰 어려운 일을 당한 것도 아니다. 하지만 당장 월세를 내야 하고, 공과금도 내야 한다. 학교에 다니는 아이들 차비도 주어야 하고 급식비도 내야 한다. 애들 엄마가 벌어오는 작은 수입으로 이 모든 것을 감당하는 것은 너무나 벅찬 일이었다.

남자는 작고 힘없는 목소리로 이야기했다. 비록 노동일이지만 한 달에 열흘 이상만 일할 수 있으면 이런 데 찾아오지 않을 수 있다. 하지만 뚜렷한 병명이 있는 것도 아니고 자주 몸이 아파지면서 제대로 일을 하지 못하게 되었다. 애들 엄마는 본래 몸이 약해서 힘든 일을 잘 못했지만 당장 먹고살기 위해서는 어쩔 수 없었기 때문에 식당에 나가서 주방일을 했다. 며칠 일하고 나면 몸살이 나서 못나가는 날이 더 많았지만 어쩔 수 없었다.

이럴 때 참 슬퍼진다. 이 남자는 일을 하지 않고 게으름을 피우는 것도 아니고, 관공서에 찾아와서 생떼를 쓰는 것도 아니다. 장애인도 아니고, 암이나 희귀난치성 질환에 걸리지도 않았지만, 힘든 노동을 감당하기 어려운 허약한 사람이다. 이런 사람에게 왜 매일 일을 하지 않느냐고, 부부 모두 근로능력이 있기 때문에 국가가 보호할 대상자가 아니라고 딱 잘라 말하는 것이 얼마나 마음 아프고 힘든 일인지 사회복지공무원들은 안다. 나는 남자에게 동 주민센터에서 평소에 보관하고 있던 쌀 한 포를 주었다. 혹시 쌀이 떨어지거든 다시 오라고 말했다.

"지금은 도움 드릴 수 있는 것이 아무 것도 없네요. 정말 미안해요. 그런데 가끔 후원금이 들어오는 경우가 있으니, 그때는 꼭 잊지 않고 연락드릴게요."

당시 동네에 있는 점집에서 시주로 들어온 쌀을 자주 보내주었기 때문에 동 주민센터 창고에는 약간의 쌀을 보관하고 있었다. 덕분에 남자를 빈손으로 돌려보내지 않고 쌀이라도 들고 갈 수 있게 해주어서 참 다행이었다. 그리고 얼마 후 남자에게 연락할 수 있는 기회가 생겼다. 삼정동에 있는 열병합 발전소에서 매년 중고등학생에게 장학금을 지급하는데, 각 동별 1~2명의 중고등학생을 추천하라는 공문이 왔기 때문이었다. 남자는 장학금 신청에 필요한 몇 가지 서류를 제출했고, 고등학교에 다니는 큰아이는 1년간 장학금을 받을 수 있었다.

공무원의 약속에 별다른 기대를 하지 않았던 남자는 많이 고마워했지만, 그런 모습을 바라보는 내가 더 고맙다는 생각이 드는 것은 무슨 이유일까?

Chapter 2

한 가닥은 네가, 또 한 가닥은 내가

폐지수집 어머니와 아들 이야기

할머니는 비가 오는 날에도 폐지를 모으러 거리로 나갔다. 폭풍우가 몰아치는 장마철에도, 늦은 밤이나 새벽에도 유모차를 끌고 나갔다. 할머니가 아들하고 사는 집은 지하방이다. 햇빛은 방으로 내려가는 계단 중간까지만 조금 들어오는데, 그곳에 작은 다육이 화분이 하나 놓여 있었다.

처음 이 집을 방문한 것은 '사랑의 합창 봉사단' 청년 다섯 명과 함께였다. 아들이 잠을 자는 안방과 할머니가 잠을 자는 마루에는 종이상자와 신문지, 플라스틱, 헌옷 등등이 산처럼 쌓여 있었다. '휙' 하고 바퀴벌레가 지나간다. 냉장고 위에는 일회용 팩에 먹다 남은 반찬이 담겨 있었다.

"왜 또 왔어? 나 혼자서 다 할 수 있는데 뭐하러 자꾸 와?"

집 안에 들어서는 우리를 보며 할머니가 눈을 흘긴다. 욕을 하지 않는 것만도 다행이다. 처음 자원봉사자들과 함께 간 날, 할머니는 집 안에 쌓여 있는 쓰레기들을 꺼내서 차에 실어내고 집 안 청소를 하는 자원봉사자들을 때리기도 하고 마구 욕을 하기도 했다. 하긴 할머니가 밤을 새가며 모은 자식 같은 물건들을 쓰레기라며 트럭을 가지고 와서 실어 갔으니 욕을 하는 것도 당연하겠지.

처음에는 자원봉사자 청년들도 할머니에게 욕을 듣느라 머쓱해 했지만 착한 일을 하는 사람들은 지혜로웠다. 이들은 할머니 집에 청소를 하러 올 때면 꼭 화투를 가지고 와서 청소를 시작하기 전에 한 시간 정도를 할머니와 같이 떠들썩하게 화투놀이를 하고 그날 준비해 간 간식을 함께 나누어 먹었다. 정월대보름에는 시장에서 오곡과 나물을 사가지고 와서 함께 오곡밥을 해먹는 것을 보고는 비위가 약해 제대로 밥을 먹지 못한 내가 얼마나 부끄러웠는지 모른다.

할머니에게 아들은 '왕자님'이었다. 우리가 와서 깨끗하게 청소를 하고 나면 아들이 집에 더 자주 들어올 것이라고 이야기하면, 할머니는 갑자기 온순해졌다. 어쩌다 아들이 집에 들어와 자는 날이면 할머니는 아들이 자는 모습을 들여다보면서 밤새워 옆에 앉아 있곤 한단다. 자원봉사자들이 매달 한 번씩 방문해서 할머니 집을 정리하고 청소하면서 조금은 나아졌지만, 우리가 가고 나면 할머니는 또다시 거리로 나가서 물건을 모았다.

할머니는 젊은 시절에도 주위사람들과 그리 잘 어울리는 편이 아니었지만, 남편과 함께 살 때는 특별한 문제가 없었다고 했다. 남편이 사망하고 경제적으로도 심하게 어려워지면서 할머니는 고물을 모으기 시작했다. 외아들은 고등학교를 중퇴하고 공장에 다녔으나, 할머니가 수급자가 되기 위해서 공장을 그만두라고 했고 아들은 백수가 되었다. 여러 가지 우여곡절을 겪은 후에 아들은 현재 자활사업장에서 일하고 있으나 사람들과 어울리는 일에 어려움을 보이고 있었다.

밤낮을 가리지 않고 모은 물건은 할머니에게 곧 자신이었다. 매월 대여섯 명의 건장한 청년자원봉사자들이 가서 청소와 정리를 해도 한 달이 지나면 도로 나무아미타불이었다.

새로운 방법이 필요했다. 우리는 할머니와 아들이 조금 더 깨끗한 환경에서 살 수 있도록 도와주고 싶었고, 집주인도 우리에게 지속적인 민원을 제기하고 있었다. 이런 상황이 계속되면 강제로라도 할머니를 내보내겠다고 했다. 이런 상태에서 할머니가 다른 월세방을 구하는 것은 매우 어려운 일이었기 때문에 우리는 어떻게든 할머니가 이 집에서 계속해서 살 수 있도록 도와야 했다.

그래서 우리는 할머니가 병원에 입원해서 치료를 받을 수 있도록 아들을 설득했다. 몸이 아파 누워 있는 것도 아닌 엄마를 왜 입원시켜야 하는지 이해하지 못하던 아들도 우리의 끈질긴 설득에 결국은 동의했고, 할머니는 입원치료를 받게 되었다. 마지막으로 아들과 함께 집 안 청소를 하고, 모든 물건을 버렸다. 매월 오던 자원봉사자들도 이제는 더 이상 오지 않게 되었다.

지역자활센터에서 양곡배달사업에 참여하고 있는 아들은 고등학교 졸업장을 가지고 싶어 했다. 아들은 성정이 온순하고 성실해서 웬만하면 생산작업장에 취업이 되었지만 학력 때문에 해고된 적이 몇 번 있었다고 했다. 대부분의 회사에서는 '고졸 이상'의 학력을 요구했기 때문에 여러 번 상처를 받은 것 같았다. 서른 살이 넘은 나이지만, 지역에 있는 야간고등학교에 편입할 수 있도록 사례관리사는 열심히 학교에 드나들었고 고등학교 2학년 편입허가를 받게 되었다. 학교에 다니기 위해서 아들에게 가장 시급한 것은 치과치료였다. 아들은 어린 시절부터 전혀 치아가 관리가 되지 않았기 때문에 앞니가 대부분 없었고, 사람들과 이야기할 때 손으로 입을 가리고 말을 했다. 치아부실은 아들의 대인기피증의 가장 큰 원인이었던 것이다.

2013년에 부천시 원미구는 메리츠화재에서 5천만 원의 '걱정해결 후원금'을 받았고, 우리는 아들을 후원대상자로 선정할 수 있었다. 아들은 500만 원의 후원금으로 임플란트를 할 수는 없었지만, 전체 틀니와 고등학교 편입을 위한 여러 가지 준비를 할 수 있었다.

할머니가 입원을 하고 몇 달이 지났다. 그동안 아들은 야간고등학교에 입학해서 낮에는 자활사업에 참여하고 저녁에는 열심히 학교에 다녔다. 그런데 어느 날 병원에서 할머니가 돌아가실 것 같다며 연락이 왔다. 일흔 살이 넘었지만, 아직 돌아가실 만큼 몸이 쇠약하지는 않으셨는데…

그렇게 할머니는 돌아가셨다.

홀로 남게 된 아들은 많이 슬퍼했지만, 정성껏 병원에서 3일장을 치렀다. 할머니를 병원에 입원시켜드리지 말고, 그냥 집에 계시도록 했으면 아직까지 살아계실 수도 있을 것 같았다.

내가 잘못한 걸까?

그리고 그 후의 이야기

이제 아들은 사람을 만나는 것을 심하게 기피하지는 않는다. 사람들과 이야기할 때 입을 가리지 않으며, 가끔은 크게 웃기도 한다. 그리고 올해 아들은 고등학교를 졸업했다. 그토록 가지고 싶었던 고등학교 졸업장이었기 때문에 기쁨도 그만큼 컸다. 아들은 야간고등학교에 다니는 동안 한 번도 결석을 하지 않았으며, 친구들도 많이 사귀었다. 늦깎이 공부를 하는 선배님들이 많아서, 가끔 나이가 많은 누님들은 그에게 반찬을 해다 주기도 했다.

이제 나는 그가 자활사업장이 아닌 일반 직장에서 근무하게 되었다는 소식을 듣고 싶은 것이 작은 소망이 되었다.

한 가닥은 네가, 또 한 가닥은 내가

"남편이 여관침대에 누워서 꼼짝도 못해요. 뼈와 가죽만 남았어요. 어쩜 죽을지도 몰라요."

힘이 하나도 남아 있지 않은 것 같아 보이는 젊은 여자가 우리 직원과 상담을 하고 있었다. 열심히 이야기를 듣던 직원은, '잠깐만 기다리라'고 그녀에게 말하고 지원방법을 알아보기 위해 구청 담당자에게 전화를 했다.

긴급의료비를 지원받기 위해서는 몇 가지 서류를 제출해야 하는데, 예전과 달리 요즘은 관공서에서도 그리 많은 서류를 요구하지는 않는다. 하지만 긴급의료비 지원을 위해서 가장 중요한 것이 그동안의 진료기록과 입원치료확인서 등이다.

그런데 그녀의 남편은 입원치료는커녕 병원 치료기록조차 전혀 없었다. 그동안 많이 아팠지만 돈이 없어서 병원에 가지 못했기 때문이었다. 8개월 전 너무 아파 병원에 한번 간 적이 있었다. 의사는 병명을 알기 위해선 여러 가지 검사를 해야 하는데 검사비가 10만 원이 넘는다고 했다. 검사비를 낼 돈이 없었던 부부는 하는 수 없이 당장의 통증을 가시게 하는 약 처방전만 받아서 약을 사먹었다고 했다. 그런데 그녀는 남편의 치료비 지원을 위한 서류를 아무 것도 제출할 수 없었기 때문에 아픈 그녀의 남편을 지원할 방법을 찾는 것은 사회복지공무원인 우리에게도 불가능한 일이었다. 그녀는 울면서 그냥 돌아갔다.

그날 밤 잠을 자기 위해 자리에 누웠는데, 하얀 얼굴의 그녀가 눈에 아른거려 잠이 오지 않았다. 그녀는 스물다섯 살이라고 했고, 아파서 누워 있는 남편은 스물아홉 살이었다. 그들은 4년 전 혼인신고를 했다. 남편은 어린 시절 엄마가 돌아가셨고 친할머니와 같이 살았다. 아버지는 가끔 한 번씩 집에 들러 할머니에게 생활비를 주었지만, 그는 아버지와 이야기를 해본 적이 별로 없었다. 군대에 있는 동안 할머니가 돌아가셨고 군 제대 후 아버지를 한 번 만난 적은 있었지만, 그 이후 아버지가 어디 사는지 알지 못했다.

그들은 4년 전 만나서 사랑을 했고, 함께 살고 싶었다. 그때 여자는 스물한 살이었다. 남자는 여자의 집에 인사를 하러 갔지만 대문 앞에서 쫓겨났고, 여자는 집을 나왔다. 그리고 법적으로 부부가 되었다. 비록 월세방이었고 축하해 주는 가족은 없었지만 사랑하는 가족이 된 그들은 알콩달콩 행복했다. 하지만 대형마트에서 일용직으로 일하던 남편이 크게 다치면서 그들의 불행이 시작되었다. 그는 4대 보험이 가입되지 않은 일용직이었기 때문에 산재보험처리가 되지 않았다. 대형마트에서는 그에게 약간의 치료비를 주었고, 그는 실직자가 되었다. 처음에는 치료를 위해서 몇 번 병원에 다니기도 했고, 몸이 조금 나아지면 돈을 벌기 위해 가끔씩 아르바이트를 하기도 했다. 하지만 일을 하지 못하는 날이 더 많아지면서 그들의 전 재산인 월세보증금이 줄어들기 시작했다. 마지막 남은 월세가 모두 사라졌을 때, 부부는 인천행 전철에 올랐다. 늦은 밤 부천역에서 내린 부부는 역 근처의 여관에 들어갔고, 그곳에서 장기투숙이 시작되었다.

한 달 방값은 45만 원, 장기투숙하는 젊은 부부를 위해 여관주인은 뒷마당에 있는 여관 주방의 전기밥솥에서 밥을 해먹을 수 있도록 해주었고, 반찬은 시장에서 사다 먹었다. 그녀는 주급을 받으면 제일 먼저 여관비를 지불했고, 나머지 돈으로 간신히 먹고 살았다. 하지만 남편의 치료를 위해 병원에 갈 수 있는 돈은 없었다. 그렇게 몇 달이 지난 후 남편은 밥을 먹지 못하고 계속 설사를 했다. 설사와 혈변으로 남편은 빼빼 말라갔고 이러다 남편이 죽을지도 모른다는 두려움이 공포로 변해 갔다. 누구에게 들었는지, 어디서 보았는지 기억나지 않았지만 그녀는 마지막이라는 마음으로 동 주민센터에 찾아왔던 것이다.

나는 다음 날 출근을 하자마자 곧바로 그녀에게 전화를 했다. 막상 전화는 했어도 무슨 특별한 해결방법이 있는 것은 아니었지만, 그녀에게 다시 동 주민센터에 와달라고 했다. 우선 의료비지원을 위해서 진료기록이 필요했고 그녀의 남편이 무슨 병을 앓고 있는지 알아야 했다. 그러기 위해서는 그녀의 남편을 병원에 보내야 했고, 무작정 내가 알고 있는 중동에 있는 대장전문병원에 전화를 했다.

"병원비는 제가 책임질 테니 우선 환자 검사 좀 부탁드려요."

작년에 내가 수술했던 개인병원이라 친숙하다는 느낌으로 부탁을 했고, 원무과장님은 나의 상세한 설명을 듣고는 흔쾌히 환자를 보내라고 했다. 진찰 결과는 큰 병원에서 자세한 검사를 받아야 할 것 같다며 의사소견서를 작성해 주었다. 병원접수비도 없는 그를 위해 다시 부천성모병원 사회사업실에 도움을 요청했다. 그녀의 남편은 몇 가지 검사 후 '크론병'이라는 희귀난치성 질환으로 진단받았다.

보건소에서 희귀난치성 질환자가 지원을 받을 수 있도록 하는 제도가 있었기 때문에 우선 급하게 그가 희귀난치성 질환자로 등록할 수 있도록 안내하였다. 하지만 그는 긴급한 치료가 필요한 환자였고 당장 치료를 받아야 했는데 성모병원에서 그를 처음 진료한 의사는 그에게 외래 통원치료로 15일간의 약만 처방해 주었다. 또 하나 문제가 생긴 것이다. 왜냐하면 그에게 지원하고자 계획한 긴급의료비는 입원치료를 해야만 지원이 가능한 것이었기 때문이었다.

어쩌지? 큰일이다! 조금 무모한 결정이었지만, 하는 수 없이 나는 그들 부부에게 내일 아침 병원 응급실로 들어가라고 이야기했다. 비록 내가 의사만큼의 전문가는 아니지만 그렇게 오랫동안 심하게 앓은 사람은 입원을 해서 치료를 받아야 할 것 같았고, 긴급의료비 지원을 위해서도 어쩔 수 없는 선택이었다. 그는 다음 날 아침 성모병원 응급실로 갔고, 상세한 검사 후에 곧바로 입원이 결정되었다. 입원 후 그는 상태가 심각해져서 20일 넘게 중환자실에서 치료를 받았고, 이후 일반실로 옮겨서 1개월 정도 입원치료를 받고서야 퇴원을 할 수 있었다.

퇴원 후 사무실로 인사를 하러 온 그들 부부를 보니 참으로 기뻤다. 하지만 아직 병색이 남아 있는 그를 보니 안쓰러운 마음이 들었고, 건강한 회복을 위한 맛있는 음식을 주고 싶었다. 마침 우리 사무실은 복지관과 같이 있었기 때문에 매일 급식을 위한 반찬을 만들었다. 우리 사무실의 성격 좋은 신규 사회복지공무원인 차영 씨가 복지관 부장과 매우 친하게 지내던 것이 생각났다. 복지관에서 이들 부부에게 일주일에 한 번씩만 반찬을 지원해 줄 수 있는지 알아보라고 부탁했더니, 복지관에서는 흔쾌히 반찬을 지원해 주겠단다.

"정말, 정말 너무나 맛있어요."

복지관에서 만든 김치와 나물, 생선구이를 받아간 그녀는 일주일 후에 반찬을 받으러 와서 그렇게 말했다. 급식소에서 만든 반찬이 너무나 맛있다는 그녀의 말에 마음이 짠했다.

지속적인 병원치료로 조금씩 건강해지는 그를 보면서 나는 '자활'이라는 단어를 떠올렸다. 심한 허약상태를 벗어난 그가 자활교육을 받을 수 있도록 지역자활센터에 연계했다. 자활을 위한 기본 교육이 끝난 후 그는 너무 힘들지 않은 자활사업에 참여하게 되었다.

매주 한 번씩 반찬을 가지러 오던 그가 오지 않아 복지도우미와 함께 그들 부부가 살고 있는 여관을 방문하게 되었다. 반찬을 들고 찾아간 여관은 어두컴컴했고 마당 뒤쪽에 있는 여관 주방은 천막으로 바람만 가린 한데였다. 그들 부부를 그곳에서 구해내고 싶었다. 당시에는 당장 갈 곳이 없거나 화재를 당한 긴급한 위기상황에 처한 가구에 대하여 월세보증금 마련을 위한 300만 원의 무한돌봄 주거지원제도가 있었다. 나는 그들 부부가 살 수 있는 작은 월세방 보증금 마련을 위한 작업을 시작했다.

"회장님, 보증금 300만 원짜리로 월세가 싼 깨끗한 방 하나만 구해주세요."

전에 근무하던 동 주민센터의 부녀회장님한테 전화를 했고, 동네에서 부동산을 하는 회장님은 방을 빨리도 구해주었다. 물론 중개수수료는 무료였고 무한돌봄 주거비 신청을 위한 가계약서도 작성해 주었다.

그렇게 해서 그들 부부는 창문이 있고, 그들만을 위한 조그만 부엌이 있고, 분홍빛으로 도배된 방으로 이사를 하게 되었다. 그들 부부가 이사가기 전날, 나는 우리 집 싱크대를 정리했다. 하나만 있으면 되는 주서기, 내가 사용하기엔 너무 많은 그릇과 접시 중에서 몇 개를 덜어내었고, 벽장에 쌓여 있는 타월도 꺼냈다. 상자에 담으니 딸을 시집보내느라 살림살이 준비하는 친정엄마의 느낌이 들었다. 이사를 간다며 인사를 온 그들 부부에게 생활용품이 담긴 상자 두 개를 가져가라고 건네는데 공연히 눈물이 나왔다. 그렇게 그들 부부는 내게서 떠났다.

그리고 2년쯤 지난 어느 날, 그들 부부가 나를 만나러 동 주민센터에 왔다. 내가 구청 사회복지과로 자리를 옮겼다는 이야기를 듣고 다시 구청으로 찾아왔다. 분홍보자기에 싼 곶감 상자를 들고 사회복지과에 들어오는 건장하고 아름다운 청년부부의 모습에 저절로 탄성이 나왔다. 그녀는 지금 임신 6개월이 되었으며, 그는 건강한 몸으로 테크노단지에서 상용직으로 열심히 일을 하고 있단다.

나는 정말로 행복한 사회복지공무원이다.

할머니, 생계비 제대로 나갔어요

“저 할머니 또 왔네. 얼른 다른 데 가서 차나 한잔 하고 와요.”

윤 할머니가 통장을 들고 씩씩거리며 동 주민센터 입구에 들어서는 것을 보고 복지도우미 신 여사님이 얼른 내게 말한다. 하지만 나는 미처 자리를 피하지 못했고 할머니는 사무실이 떠나갈 듯 욕설을 시작하며 내 쪽으로 왔다.

또 한참 동안 사무실이 시끄럽겠다. 할머니는 생계비가 입금되고 나면 월례행사처럼 매달 그랬다. 왜 나라에서 주는 돈을 너희 공무원들이 떼어 먹느냐고 소리를 질렀다. 그러면 우리는 통장에 입금된 금액을 종이에 큰 글씨로 써가며 자세하게 설명을 해드린다. 기초생활수급자가 장기입원을 하게 되면 수급비에서 입원기간만큼 공제가 되며, 공제는 2개월 후부터 시작되는 것을 매번 설명해드린다. 할머니는 처음에는 알아듣는 것처럼 고개를 끄덕이다가 다시금 소리를 지르며 마구 심한 욕을 해대니 도대체 당할 재간이 없었다.

할머니를 이해하지 못하는 것은 아니었다. 할머니는 시집간 딸의 집에서 무료임차로 장애인 아들 두 명과 같이 살고 있었는데, 두 아들이 번갈아 가면서 정신병원에 입원을 했다. 그런 탓에 생계비는 매달 조금씩 달라졌다. 처음에는 할머니를 달래느라 후원품도 지원해 보고 커피도 같이 마시면서 할머니와 친해지려고 여러 가지로 노력해 보았다. 그렇게 조금 친해지고 나니 몇 달간은 그렇게 난리를 치는 일도 줄어들어서 조금은 편안해졌다.

어느 해 추석이 며칠 지나고 나서 할머니한테 후원품을 지급하기 위해 연락을 했더니, 전화를 받는 할머니 목소리가 기운이 하나도 없다. 평소의 우렁찬 할머니 목소리와는 아주 달랐다. 순간 무슨 일이 있었구나 싶었다.

"에구, 내가 못살아, 추석 때 친정에 온 딸을 아들이 낫으로 찔렀어."

할머니가 살고 있는 집은 시집간 딸의 집인데, 명절이라 아이들을 데리고 친정에 온 딸에게 갑자기 장애인 아들이 낫을 들고 달려들었단다. 미처 피하지 못한 딸은 한쪽 팔에 깊은 상처를 입었다. 추석 때 할아버지 산소에 성묘하고 나서 가져온 낫을 미처 치우지 못하고 베란다에 그냥 두었단다. 나는 할머니의 부주의를 탓했지만 할머니의 마음은 얼마나 아팠을까 싶다. 할머니는 가슴을 치며 사위한테 뭐라고 말을 해야 할지 모르겠다고 했다.

사실 할머니는 동 주민센터에 올 때마다 공무원들을 힘들게 했기 때문에 우리도 마음속으로는 할머니를 별로 좋아하지 않았다. 하지만 경찰이 오고, 119 구급대가 와서 딸을 병원에 데리고 가고, 아들을 다시금 정신병원에 입원시키는 과정을 겪으면서 할머니가 겪었을 고통을 생각해 보니 마음이 짠해졌다.

그러고 몇 년이 지난 지금도 할머니는 가끔 구청 사회복지과에 와서 생계비 담당자한테 예전하고 똑같이 소리를 지르고 욕설을 퍼붓는다. 나는 멀리서 할머니를 바라보며 여러 가지 생각을 해본다. 할머니의 두 아들이 정신장애인이 아니고 늙은 어머니를 잘 돌볼 수 있는 능력도 있고 착한 아들들이었다면 얼마나 좋을까 싶다. 그러면 할머니는 우리 사회복지공무원들한테 그렇게 화내고 욕하고 그러지 않을 것이 분명하다. 어쩌면 젊은 사람들이 고생한다며 등을 두드려 주는 따뜻한 할머니일지도 모른다는 여러 생각들이 이어졌다.

아! 가엾은 욕쟁이 할머니…

TIP

기초생활수급자가 병원에 장기 입원하면 생계급여가 변동됩니다

욕쟁이 할머니가 월례행사처럼 동 주민센터에 찾아와서 난리를 치는 데는 이유가 있답니다. 기초생활수급자들은 몸과 마음이 아픈 경우가 대부분입니다. 그렇기 때문에 국가에서 보호를 하는 것이기도 하고요. 그런데 수급자 본인이나 가족들은 '내가 병원에 좀 오랫동안 입원했다고 얼마 되지도 않는 생계급여를 줄이다니…' 그러면서 화를 내는 경우가 많습니다. 욕쟁이 할머니네 가정을 예를 들어서 자세히 설명해 드릴게요.

할머니는 장애인 아들 두 명과 함께 집에서 살지만, 장애증상이 심해져서 도저히 가족들과 함께 지내기 어렵다는 의사의 진단이 내려지면, 병원에 입원을 하게 됩니다. 물론 의료급여 1종이기 때문에 본인 부담은 거의 들어가지 않습니다. 입원을 했더라도 최근 3개월을 기준으로 해서 3개월 동안 30일 미만을 입원한 경우에는 수급비를 공제하지 않습니다. 하지만 입원기간이 30일 이상이 되면, 30

일 초과 입원일수에 대하여 장기 입원하여 지출되지 않는 것으로 판단되는 금액(최저생계비 중 식료품비에 해당하는 금액)을 생계급여에서 공제하게 됩니다. 하지만 병원에 입원 중인 수급자도 본인부담식비를 부담해야 하므로, 그 금액은 제외하고 공제합니다. 물론 주거급여는 공제하지 않습니다.

그런데 할머니네 집은 장애인 아들 두 명이 번갈아 가면서 병원에 장기 입원을 하니까, 생계급여 금액이 매월 조금씩 차이가 나기도 하고, 아들 두 명이 동시에 장기 입원하게 되면, 생계급여가 좀 많이 공제되어 버리거든요. 그러면 우리가 아무리 친절하게 설명해도 소용이 없어요. 그냥 할머니한테 엄청나게 욕먹고 혼나고 그럴 수밖에 없지요 뭐.

끝없는 사랑

"몇 번씩 취업을 연계해도 한 달을 못 버티네요. 아무래도 사례관리가 필요한 것 같아서 연락했어요."

어느 날 시청 일자리센터 직업상담사가 내게 전화를 했다. 남자의 나이는 50세라고 했다. 현재 직업이 없고, 어린 시절 고아원에서 자라서 가족은 전혀 없다고 했다. 의뢰 사유는 주거가 불안정하며 직업이 없기 때문에 생계도 곤란했다. 특이사항은 남자가 여자에 대한 욕구가 너무 강해서 일반적인 대화진행이 어렵다고 했다. 남자는 일하는 곳에서도 대인관계를 잘 유지하지 못했으며, 함께 일하는 여자들에게 과도한 애정표현을 하다가 결국 얼마 안 되어 쫓겨나거나 스스로 상처를 받아 그만둔다고 했다.

이런 경우는 사례관리사들도 조금은 조심스럽게 상담을 시작해야 한다. 독특한 성적 취향을 가지고 있거나 여자에 대한 애착이 심한 경우에는 세심한 주의가 필요한 경우도 있기 때문이다. 여하튼 그렇게 남자와의 관계가 시작되었다. 처음 만나서도 남자는 징징거리는 말투로 이야기를 시작했다.

"나는요, 너무 힘들고 외롭고 가족도 친구도 아무도 없어요. 그리고 여자가 꼭 필요해요."

비슷한 내용을 남자는 계속해서 되풀이하며 그동안 살아온 이야기를 했다. 남자는 아주 어려서부터 고아원에서 자랐다. 고등학교를 졸업하고 고아원에서 나왔고, 그 이후 계속해서 혼자 살았다. 이 세상 누구도 남자를 챙겨주고 반겨주는 사람은 없었다. 가족도, 친척도 없었고, 친구도 없었다. 고등학교를 졸업했지만 제대로 직장을 구하지 못했기 때문에 당장 먹고 사는 일도 너무 힘이 들었다. 고아원에서 나올 때 받았던 얼마 안 되는 돈을 다 써버리고 나서는 하는 수 없이 서울역에서 노숙을 한 적도 있었다. 그러다 먹고 살기 위해서 신문배달을 했다. 어느덧 세월이 이렇게 흘러서 나이가 오십이 되었고 어찌어찌하다 보니 부천까지 오게 되었다. 하지만 이곳에도 남자를 아는 사람은 아무도 없었다. 남자도 다른 사람들처럼 결혼을 하고 싶지만, 능력이 없어서 혼자 살 수밖에 없다고 했다. 먹고 살기도 힘들고 너무 외롭기도 하고, 그래서 죽고 싶은 마음도 자주 들어서 자살 생각도 많이 한다고 말했다.

남자와 상담을 진행하는데 일상적인 대화가 원활하지 않았고, 대인관계의 어려움과 인지도 부족이 의심되었다. 하지만 의심만으로 사례관리를 시작할 수는 없는 일이었다. 남자에 대한 정확한 진단을 위해서는 정신과 진료 및 종합심리검사가 필요하다는 생각이 들었다. 하지만 정신과 진료를 받도록 하는 것은 그리 쉽지 않은 일이었다. 처음 만나는 사례관리사가 갑자기 '당신은 정신과 진료와 검사가 필요하다'고 이야기하는 것은 대상자와의 신뢰가 형성되기 전에 높은 벽을 쌓게 될 수도 있는 매우 위험한 일이었다. 우선 남자와 신뢰관계를 쌓는 것이 가장 중요한 일이었다.

"선생님, 보고 싶어요. 사랑해요. 우리 집으로 와주세요. 나 좀 안아주면 안 돼요? 선생님이랑 결혼하고 싶어요. 매일 밤마다 보고 싶어서 잠이 안 와요."

남자는 하루에도 몇 번씩 전화를 해서 이렇게 되풀이했다. 그리고는 내게 애인이 되어 달라고 했다. 참으로 난감한 일이었다. 나는 이미 결혼을 했고, 대학교에 다니는 큰 자식이 있으며, 그런 요구는 받아줄 수 없다고 아무리 이야기해도 막무가내였다. 그렇다고 이 남자의 사례관리를 포기해 버릴 수는 없는 일이었다.

나는 남자에게 진심으로 이야기했다. 사례관리자인 나는 대상자가 현재 어려운 상황에 처해 있는 것을 진심으로 걱정하고 염려하고 있다. 남자가 현재의 어려운 상황을 벗어나 행복하게 살기를 바라는 마음에서 도와주고 싶다. 이런 마음은 남자가 편안해질 때까지 변하지 않을 것이다. 그런데 그러기 위해서는 조건이 한 가지 있다.

"몸이 아프면 병원에 가서 치료를 받아야 하는 것처럼, 마음이 아파도 병원에 가서 치료를 받아야 하는 것이에요."

나는 남자가 정신과 진료를 받도록 진정 어린 마음으로 설득했다. 처음에는 완강하게 거부하던 남자도 나의 끈질긴 설득에 결국 정신과 진료를 받는 것에 동의하게 되었다. 남자의 종합심리검사 결과는 우울, 편집, 대인관계에 어려움이 있는 정신질환이었다. 아주 어린 시절 부모에게 버려진 경험이 있는 사람들은 이 세상 누구도 신뢰하기 어려우며, 심한 애착결핍을 보인다. 사랑을 받아본 경험이 없기 때문에 사랑할 능력이 부족하다는 것은 얼마나 슬픈 일인가. 남자는 끝없이 사랑을 하고 싶었지만 사랑할 방법을 알지 못했기 때문에 본인에게 조금만 친절한 여자 모두에게 사랑을 구걸했다. 하지만 모든 여자들은 그의 사랑을 받아들이지 않았다.

과연 어떻게 하면 남자가 현재보다 나은 삶을 살 수 있을까?

어차피 전문가의 도움이 필요했고, 정신과 진료를 진행하는 것이 최선의 방법이라는 생각이 들었다. 치료를 진행하면서 의사선생님은 병원에 동행한 나와 남자를 함께 진료실에 들어오도록 했다. 진료 후에는 별도로 나를 진료실로 들어오게 해서 남자의 증상에 따른 슈퍼비전을 주기도 했다.

처음 치료를 시작하고 한두 달은 남자의 저항이 매우 심해서, 치료 도중 진료실에서 상담을 하다가도 화를 내며 나가버리기도 했다. 매주 한 번씩 병원에 가야 했지만, 병원에 가지 않겠다고 떼(?)를 쓰기도 했다.

"왜 선생님은 남편만 사랑하고, 나는 사랑 안 해줘요? 난 선생님이 결혼했어도 상관없어요."

참으로 환장할 노릇이었다. 마치 어린아이가 엄마한테 다른 형제는 쳐다보지도 말고 예뻐하지 말고 나만 사랑해 달라고 떼를 쓰는 것 같았다. 병원에 안 가면 사례관리도 하지 않고 만나지 않을 것이라고 화를 내기도 하고 달래기도 하면서 병원치료는 빼먹지 않도록 했다. 그렇게 몇 달이 지났다.

의사선생님은 남자에게 매주 과제를 주었는데, 과제 내용은 이랬다. 다른 사람에게 할 수 있는 말과 해서는 안 되는 말을 구분해서 쓰도록 했다. 그리고 대화에 적합한 표현의 말을 외우고 반복하는 인지행동 연습을 계속했다. 만일 사례관리사에게 해서는 안 되는 말을 했을 경우에는 옐로우카드와 레드카드를 즉각 제시하였고, 타인과의 관계에서 행동 제한을 시각적으로 보여주는 연습을 하도록 하였다. 또 그렇게 몇 달이 지났다.

하루에도 몇 번씩 전화를 해서 '사랑한다'고 반복하던 끝없는 사랑고백이 점점 줄어들기 시작했고, 언어표현도 조금씩 달라지기 시작했다. 나와 대화를 할 때도 부적절한 표현이 아닌 바람직한 표현을 하는 경우에는 아낌없는 칭찬과 지지를 했다. 처음 염려와는 달리 그는 조금씩 좋아지고 있었고, 얼마 후에는 집단 프로그램인 '대인관계 훈련 프로그램'에도 참여할 수 있게 되었다.

그의 장점은 약속을 잘 지키며 성실하다는 것이었다. 사례관리를 진행하면서 그는 자활근로를 시작하게 되었고, 성실하게 일한 결과 1년 만에 300만 원을 저축할 수 있었다. 약속대로 병원진료도 잘 다녔다. 대인관계 훈련 프로그램은 그의 사회관계망을 넓히는 데 큰 역할을 하였다. 그의 증상이 완전히 나아지진 않았지만 이제는 아무 여자에게나 사랑한다는 표현은 하지 않게 되었다.

다만, 사례관리사와 동 주민센터의 사회복지공무원에 대한 의존도가 너무 높았다. 어차피 일정 기간이 지나면 사례관리는 종결이 되어야 하므로 그에게 새로운 관계망 형성이 필요했다. 비록 가족은 아니지만 가족과 같은 역할을 할 수 있는 관계가 필요했다. 가족을 가져본 적이 없는 그에게 아버지와 같은 멘토를 연계하고 싶었다. 간신히 사회와의 정상적인 끈을 붙잡기 시작한 그는 아직은 어린아이였다. 조그만 상처에도 다시 넘어질 수 있을 정도로 연약했다. 그가 힘들 때 찾아가서 이야기하고, 울고 싶을 때 눈물을 닦아줄 수 있는 어른이 필요했다.

내가 아는 목사님 중에 평소에도 지역에서 많은 봉사를 해주고 있으며, 가난하고 소외된 사람들을 위해 자신의 삶을 헌신하는 목사님에게 부탁을 드리기로 했다. 육십이 넘은 목사님에게 남자의 아버지 역할을 해주시기를 부탁드렸다. 남자에 대해서 자세한 이야기를 들으신 목사님은 그가 교회에 적응할 때까지는 내가 함께 주일예배에 참석해 줄 수 있으면 좋겠다고 하셨다. 어차피 매주 나가는 교회이기 때문에 그가 교회 사람들과 편안한 관계가 될 때까지 함께 교회를 다니기로 했다.

처음 교회에 갔을 때, 그는 마치 엄마 치맛자락을 붙잡고 떨어지지 않는 어린아이처럼 내 옆에 붙어 있었다. 하지만 둘째 주가 지나면서 목사님과 집사님들과도 조금씩 말을 하며 어울리기 시작했다. 식사 후에는 점심상을 치우는 것도 돕기 시작했고 커피도 내가 아닌 다른 사람들과 함께 마시기 시작했다.

이제 몇 달이 지났다. 그는 아직 인지도 부족한 편이고 사람들과의 대화도 원활하지 않으며, 상대방의 입장을 잘 이해하지 못한다. 아직도 자신에게는 여자가 필요하다는 말은 여전히 하고 있다. 평생 나만을 의지하고 사랑할 것이니, 절대로 자신을 버리지 말라고 이야기한다. 하지만 이제 그는 아주 조금씩 세상 사람들과 어울리게 시작했고, 교회를 통해 사람들의 따뜻한 사랑을 느끼며 안정되어 가고 있다. 그에게는 내가 엄마 같은 존재인 것 같다. 무슨 일이 생기면 금방 전화해서 물어보고 안달하는 것은 여전하지만, 그래도 처음과는 달리 많은 부분이 변화했고 최근에는 언어표현도 다양해지고 풍부해졌다. 처음에는 과도한 애정 표현만이 대화의 전부를 차지했지만, 지금은 '수고하세요, 건강하세요, 감사합니다' 등의 다양한 인사도 하게 되었다.

처음 그를 만나 사례관리를 시작할 때는 도저히 안 될 것 같았다. 하지만 지금 그의 모습을 보면 마치 작은 기적이 일어난 것 같다. 마냥 떼만 쓰고 보채던 다섯 살 어린아이가 청소년쯤의 모습으로 우뚝 서버린 느낌이 들기도 한다. 앞으로 그가 살아가야 할 세월이 마냥 평탄하지만은 않겠지만, 예전보다는 조금 덜 상처받고 덜 아프게 살아갈 수 있기를 간절한 마음으로 기도하고 싶다.

* 이 사례는 원미구청에서 함께 근무한 함석신 사례관리사가 주 사례관리자로 진행한 사례임

세상에서 제일 맛있는 사과

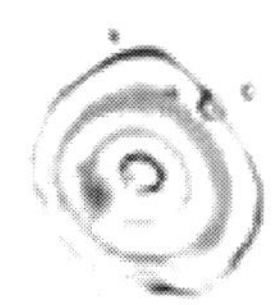

"나 좀 살려줘유! 내가 예전에 여기서 살았는데, 나 좀 워떻게 살게 해줘유."

작은 여자라고 해도 될 만큼 왜소한 몸집의 사내가 내 앞에 털썩 주저앉으며 하는 말이다. 그리곤 허름한 잠바 안주머니에서 서류뭉치를 꺼내더니 책상 위에 던지듯 내려놓는다. 남자는 육십은 좀 넘었을 듯하고, 얼굴은 고생을 한 탓인지 굵은 주름이 잡혀 있었다. 나는 그 남자의 눈을 바라보았다. 굵은 주름과 고생한 흔적을 고스란히 담고 있는 얼굴에 비해, 그 남자의 눈은 크고 맑았다. 그런데 소처럼 큰 눈동자에 두려움이 가득 들어 있음을 느낀다.

종이컵에 타준 커피를 마시며 잠시 앉아 있던 그가 이야기를 시작했다. 그의 부모님은 오래전에 모두 돌아가시고, 그는 결혼한 적도 없이 혼자 살았다. 가족이라곤 서울에 사는 남동생 내외만 있다고 했다. 그는 오랫동안 부천에서 청소부 일을 하며 살았는데, 3년 전 일을 하다가 높은 곳에서 떨어져서 심하게 다쳤단다. 다행히 생명에 지장은 없었지만, 2년 넘게 병원에 입원하게 되었다. 몇 달 동안 의식이 없는 상태로 중환자실에서 치료를 받았고, 이후 일반병동에 일 년간 입원을 했었다. 병원에서 퇴원을 하게 되자 동생이 그를 다시 재활병원에 입원을 시켰다. 그는 병원생활이 너무 지겹고, 밖으로 나가고 싶었지만, 동생의 동의 없이는 마음대로 퇴원을 할 수 없었다. 그는 어제 병원에서 몰래 도망쳤다. 그가 받은 재해보상금과 장해연금 등은 모두 동생이 관리를 해왔는데, 현재 그는 당장 한 끼 밥을 사먹을 돈조차 가지고 있지 않았다.

그가 자리에 앉으며 퉁명스럽게 던진 서류를 자세히 살펴보았다. 그는 재해보상금으로 1억 원을 받았으며, 그동안 매월 장해연금으로 80만 원을 지급받고 있었다. 저소득층을 지원하기 위해서는 사회복지사업법에 적정해야 하는데, 그는 80만 원이 넘는 장해연금을 수령하고 있었기 때문에 기초생활수급대상자로 보호할 수 없으며, 아직 65세가 되지 않았기 때문에 노령연금대상자도 될 수 없었다. 그리고 큰 사고로 장해를 입긴 했지만 장애인도 아니다. 아무리 사회복지공무원이라 하더라도 도와줄 방법이 없었다.

잠시 복잡한 생각들이 내 머리에서 꼬물거리고, 그 꼬물거림에서 무언가 삐져나옴이 느껴진다.

나는 민간자원을 동원하는 것으로 이 사례를 진행하기로 했다. 복지도우미와 함께 은행에 가서 그의 개인통장을 개설하도록 했고, 연금공단의 담당직원과 전화통화를 한 후에 공문을 보내서 장해연금이 입금되는 통장은 본인 이외에는 아무도 변경할 수 없도록 했다.

그런데 그는 당장 살 수 있는 집이 없었고, 오늘 밤 잠을 잘 곳도 없었다. 그는 어제 밤에는 찜질방에서 잠을 잤다고 했다. 방을 구할 때까지 찜질방에서 지낼 수밖에 없었다. 그리곤 동네에서 부동산을 하시는 부녀회장님에게 부탁을 했더니, 보증금이 없는 월세 15만 원짜리 방을 구해주었다. 살림도구는커녕 당장 갈아입을 옷도 없는 그를 위해 부녀회장님은 동네 이곳저곳에서 그릇과 이불, 당장 먹을 김치 등을 챙겨주었고, 나는 그가 당장의 식사를 해결할 수 있도록 쌀과 라면을 보내주었다.

부녀회장님은 그를 잘 안다고 했다. 그는 예전에 이 동네에서 오랫동안 청소부 일을 했는데, 아주 열심히 동네청소를 했단다. 지역에서 오랫동안 봉사한 통장님들이나 부녀회장님들은 대부분은 그를 잘 알고 있었다. 그는 일상생활에서는 조금 어눌하지만 본인의 삶이 위태하다는 느낌을 받았을 때, '고향'이라고 생각되는 곳을 찾아왔던 것이다. 그는 동네사람들을 보면 반갑게 인사를 했고, 처음의 두렵고 어두운 표정과는 달리 동네사람들을 만나면 크게 웃으며 악수를 했다. 하지만 가끔 그는 동생이 자기를 찾으러 올지도 모른다며 두려워했기 때문에 동네사람들은 그가 편하게 지낼 수 있도록 여러모로 도왔다.

그는 다음 날부터 동네의 폐지를 모으러 다녔다. 일이 손에 익은 탓인지 동네의 고물은 혼자서 다 모으는 것 같았다. 가끔씩 나는 그에게 쌀이나 밑반찬 후원이 들어오면 주기도 했다. 그렇게 몇 달이 지나면서 그는 가끔 고물손수레를 끌고 동 주민센터에 들르곤 했다. 연금통장에 돈이 안 들어왔다고 화를 내기도 했는데, 그럴 때마다 다시 연금공단에 연락을 해주기도 하고, 필요할 경우에는 공문을 발송해서 본인 앞으로만 입금될 수 있도록 처리해 주었다.

그는 일을 하다가 끼니삼아 막걸리를 마셨는데, 술이 취하면 부녀회장님 가게에 가서 욕도 하고 행패도 부리며 술주정을 했다. 그러다가 술이 깨면 다시 와서 잘못했다고 빌곤 했단다. 하지만 술을 먹지 않으면 큰눈을 껌벅거리며 너무나 온순했다. 그렇게 또다시 몇 달이 지났고, 나는 공무원들이 그렇듯이 다른 동 주민센터로 자리를 옮기게 되었고, 그에 관한 이야기도 거의 잊고 있었다.

그러던 어느 날, 부녀회장님이 내게 전화를 해서는 조금 이따가 그가 무언가를 들고 갈 것이니 그냥 아무 소리 말고 받아두라고 했다.

"여깄슈. 이거 내가 과일전에서 최고로 맛있는 걸루 산 거니께 맛있게 드슈."

그가 발갛게 상기된 얼굴로 사과 한 상자를 내 책상 옆에 내려놓고, 도망치듯 나가버렸다. 그리고 부녀회장님에게 그동안의 자초지종 이야기를 들었다.

그동안 그는 수차례 술 먹고 부녀회장님 가게에 와서 행패 부리고 다시 빌고, 또 다시 고물을 모으며 지냈다. 그러다가 동네의 '노는 아줌마' 들한테 꼬임을 당해서 그동안 받은 장해연금과 고물을 모아서 번 돈 4백만 원을 통째로 빼앗겼단다. 그리고는 본인도 돈이 없어진 것이 분하고 속상했던지, 또다시 술을 먹고는 부녀회장님 가게에 와서 욕을 하며 행패를 부렸단다.

"아무리 못나도 은혜를 알아야지. 열심히 일해서 돈을 벌면 죽게 된 저를 살게 도와준 팀장님한테 선물이라도 해야지. 그런 못된 여자들한테 돈이나 뺏기고, 이런 멍청이, 다시는 여기 나타나지도 마!"

그 말을 들은 그는 갑자기 팀장님이 보고 싶다며 엉엉 소리 내어 울었단다. 그 다음 날 아침 일찍 깨끗하게 세수를 하고 부녀회장님한테 찾아와서는 정중하게 인사를 하더니, 팀장님에게 어떻게 은혜를 갚으면 되냐고 묻더란다. 그리곤 내게 '이슬 먹은 사과' 한 상자를 직접 배달해 왔다.

'세상에게 제일 맛있는 사과'를 배달받은 나는 행복하다.

Chapter 3

사랑으로 이겨낸 가족 이야기

역지사지와 측은지심

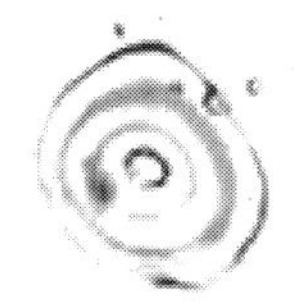

"이 돈으로 제 눈을 수술해도 되나요?"

5백만 원의 후원금을 받게 되면, 아이들과 함께 가장 행복해질 수 있는 방법을 생각해 보라는 말을 하고 자리에서 일어서려는 내게 오씨 아저씨가 던진 말이다.

춘의종합사회복지관에서 오씨 아저씨네 가정을 후원대상자로 추천했다. 가장인 오씨의 알코올릭 증상, 5남매 중 이미 가출해 버린 두 명의 아이들, 중학교 2학년인 셋째 아이마저 가출을 반복하며 흔들리고 있었다. 초등학생인 밑의 두 아이들은 비만과 왕따에 시달리고 있다고 했다. 오씨 아저씨네 열두 평의 작은 아파트는 일곱 식구가 살기에는 너무 비좁았다. 마루도 없는 작은 방 두 개는 잠을 자기 위해 일곱 식구가 모두 모로 누워도 부족할 것 같았다.

다행히 메리츠화재에서 걱정해결사업 후원금으로 5천만 원을 우리 구청에 지원했고 우리는 그 네 번째 대상자 선정을 위해서 오씨 아저씨 집을 방문했던 것이다. 물론 이 가정에 5백만 원은 매우 큰돈이었지만, 가족들 모두에게 사용하기에는 너무 적은 돈일 수도 있었다. 아저씨와 같이 그동안의 가정사와 아이들에 대한 이런저런 이야기를 나누었다. 첫째와 둘째는 이미 가출해 버린 상태였고, 중학생인 셋째도 자퇴를 하고 친구들과 어울려 다니느라 거의 집에 들어오지 않는다고 했다.

이 가정을 위해서 우리는 어떤 도움을 줄 수 있을까?

한 달 전, 그날도 오씨는 술을 많이 마셨다. 자식들 생각을 하면 가슴이 터질 것 같았다. 며칠 만에 집에 들어온 셋째를 홧김에 때리고 욕하고 그랬다. 그런데 갑자기 6학년인 넷째가 울면서 아빠에게 이야기했다. 우리는 언제까지 이렇게 매일 싸우고 때리고 살아야 하는지, 왜 아빠는 제대로 일을 하지 못하는지, 우리는 왜 이렇게 힘들게 살아야만 하는지 큰소리로 따지면서 엉엉 울더란다. 그날 이후 오씨는 술을 마시지 않았다.

오씨는 한쪽 눈이 함몰되어 있다. 눈 수술을 하더라도 시력을 되찾을 수는 없지만, 의안삽입 수술을 하면 푹 꺼져버린 오른쪽 눈이 정상처럼 보이기 때문에 비록 보이지는 않더라도 사람들을 대하는 일에 훨씬 더 당당해질 수 있을 것이다. 아저씨는 열심히 일해서 다섯 명의 아이와 마누라와 잘 살고 싶었다. 하지만 배운 것도 없고, 한쪽 눈이 보이지 않는 장애 때문에 제대로 일자리를 구하지 못했다. 잘못해서 사고라도 나면 손해가 크다며, 노동판에서도 잘 안 쓰기 때문이었다.

난 또 하나의 커다란 지혜를 얻는다.

아저씨가 몸이 성해지면 제대로 일할 수 있을 것이고, 그러면 이 가정이 조금이라도 더 나아질 수 있을 것이다. 그러면 아이들도 제대로 집에 들어오게 될 것이며, 가족이 함께 밥을 먹게 될 것이고 아빠가 술에 취해서 아이들을 때리는 일도 줄어들게 될 것이다.

사시 눈 때문에 친구들에게 늘 놀림을 받는 초등학교 6학년인 넷째의 눈을 수술하면 친구들에게 왕따를 당하는 일이 없어질 것이다. 좁은 방에 놓여 있는 후원품으로 받은 중고 컴퓨터는 오래전에 고장이 나서 사용하지 못하고 자리만 차지하고 있었다.

항상 누군가가 사용하던 중고품을 후원받아 사는 이들 가족들에게 새것을 사주고 싶은 마음이 들었다. 아이들은 학원도 항상 무료로 다녔으며, 후원이 중지되면 학원 다니는 것도 중지되었다. 오씨 아저씨네 아이들도 하얀 봉투에 넣은 학원비를 학원선생님에게 주는 '사건'이 생겼으면 좋겠다는 생각이 들었다. 그래서 우리는 메리츠화재에서 지원한 5천만 원의 후원금 중 7백만 원을 오씨 아저씨네 가족에게 지원하기로 결정했다.

소외된 그늘에서 어렵게 살아가는 이웃들과 소통하는 최선은 역지사지, 그들의 입장에서 생각하는 일이다. 그래도 잘 안 되고 너무 힘들어지면 측은지심으로 함께 소통하는 것이 진정한 사회복지공무원이라는 생각이다.

씩씩한 미영이 이야기

마침 출장을 다녀오는 길이었다. 사무실에 들어서려는데, 교복을 입은 여학생이 사회복지과 문 앞에서 머뭇거리며 서 있었다. 찾는 사람이 있는지 물으니, 고개를 젓는다. 무슨 일인가 다시 물으니, 갑자기 여학생의 눈가가 붉어진다. 나는 여학생을 데리고 사무실로 들어갔다. 여학생은 고등학교 2학년 김미영이라고 했다.

미영이는 할머니와 아빠와 함께 사는데, 아주 어릴 때 부모님이 이혼을 했고 엄마는 얼굴도 기억나지 않았다. 엄마가 없었지만 할머니가 잘 돌보아 주셨고, 아빠가 공장에 다녔기 때문에 큰 어려움은 모르고 살았다. 그러다 3년 전 아빠가 실직을 했고 다른 직장을 구하지 못하게 되자 당장 생활이 어려워져 더 작은 집으로 옮겨 살았다. 그래도 생활력이 강한 아빠는 여러 가지 일을 해서 가족들을 돌보았다. 할머니는 무릎이 아파 잘 걷지 못하셨지만 아빠 앞에서는 아프다는 소리를 절대 안 했다. 그러던 어느 날 낮에는 택배 일을 하고 밤에는 대리기사를 하던 아빠가 갑자기 쓰러져서 병원 응급실에 실려갔다. 2주일이 넘게 아빠는 중환자실에 입원을 했고, 한 달이 지난 후 퇴원을 해야 했지만 병원비가 없었다. 할머니는 세 가족이 살던 월세보증금을 빼서 병원비를 치렀고 아빠의 퇴원과 동시에 그들 가족은 살 집이 없어졌다.

종이상자 몇 개에 짐을 싸서 세 가족은 구청 앞에 있는 작은 여관으로 이사를 했다. 매일 아침 교복을 입고 여관 문을 나올 때는 혹시 아는 친구를 만날까봐 부끄러웠지만, 그래도 아빠가 퇴원을 해서 같이 살게 된 것만도 감사했다. 미영이 가족이 사는 여관방은 복도의 맨 끝 방이어서 여관 사장님은 할머니에게 매일 밥을 해도 괜찮다고 허락을 해주었고 아빠는 아무리 힘들어도 밤에는 대리기사 일을 나갔다. 그렇게 3개월쯤 지나고 또다시 아빠가 쓰러졌고 병원 중환자실에 다시 입원을 했다.

오늘 미영이는 학교에 가지 않았다. 어차피 공부도 잘 못하지만, 이제 학교도 다닐 수 없을 것 같았기 때문이다. 병원비도 없고, 여관비도 없고 이제 어떻게 해야 하는지 정말 답답했다. 할머니는 아무 말씀도 안 하시고 그냥 한숨만 내쉬고 계셨다. 우리 같이 어려운 사람을 도와줄 수 있는가 물어보려고 그냥 무작정 구청에 와보았단다. 그리곤 미영이는 그동안 참았던 울음을 터뜨린다.

나는 쉽게 울음을 그치지 못하는 미영이의 등을 감싸 안았다. 우선 동 주민센터에 미영이네 가정을 사례관리대상자로 올려달라고 부탁을 했다. 동 담당자는 미영이를 직접 만난 적이 없어서인지 사례관리대상자 선정공문을 해달라는 말에 탐탁지 않아 했지만 그래도 곧바로 공문을 보내주었다.

우선 미영이 아빠의 치료비를 지원하는 것이 첫 번째 과제였다. 곧바로 사례관리사와 함께 여관에 방문하니 할머니도 퇴행성 관절염으로 인해 제대로 걷지도 못하는 상태였다. 우선 미영이 아빠의 긴급의료비지원을 신청하고, 할머니의 치료를 위해서 의료보호를 신청하였다. 사례관리사는 미영이 학교 담임선생님을 만났고, 부진한 학교성적과 위축된 대인관계 지원을 위한 해결방안을 찾기 위해 함께 고민했다. 사례관리사는 가톨릭대학교에서 운영하는 청년사업단의 대학생 멘토를 신청해서 학습지원과 관계향상을 위한 지지 프로그램에 참여하도록 했다. 할머니와 아빠의 사랑을 충분히 받고 자란 탓인지 미영이는 곧바로 다시 활달한 모습을 되찾았다. 그동안 중환자실에서 일반실로 옮긴 아빠의 간병을 위해서 학교가 끝나면 곧바로 병원으로 달려가는 착한 딸이었다.

미영이네 가족을 위해 기초생활수급자 보호를 신청하였지만 당장 주거가 문제였다. 한 달에 40만 원이나 되는 여관비를 내는 일도 힘든 일이었고, 언제까지나 여관에서 살 수는 없는 일이었다. 그때 마침 행운 같은 일이 생겼다. 방송국에 출연할 어려운 가정을 추천해 달라는 공문이 접수되었고, 우리는 잠시 고민을 했지만 곧바로 사례관리사와 함께 미영이를 만나러 여관에 찾아갔다.

"TV에 나오면 친구들이 많이 보게 될 게야. 혹시 친구들이 보지는 않더라도 소문이 날 수도 있고, 그런데 방송에 나오면 후원금이 오백만 원에서 천만 원 정도는 될 텐데, 그럼 이사도 할 수 있을테고…"

강요는 할 수 없었다. 고등학교 2학년인 여학생에게 자신의 어려운 환경을 방송에서 모두 보여주고 후원금을 모으자고 말하는 것은 정말 어려운 일이었다. 미영이도 겁이 나는 것 같았다. 하지 않아도 된다고, 우리가 다시금 주거지원을 위한 방법을 찾아볼 테니 너무 걱정하지 말라고 이야기하고는 가만히 미영이 손을 잡아주고 여관방을 나왔다. 다음 날 오후 학교가 끝나고 구청으로 찾아온 미영이가 밝은 얼굴로 말했다.

"선생님, 저 TV에 나와도 괜찮아요. 아빠가 조금이라도 편해지실 수 있으면요."

그렇게 SBS 〈좋은 아침〉 방송출연이 결정되었다. 곧바로 방송국 PD에게 연락을 했고 담당 PD, 작가와 함께 미영이를 만났다. 카메라는 미영이가 처음 구청을 찾아와서 상담하던 모습과 학교생활, 여관생활, 교회생활을 촬영하고, 아빠의 병원생활과 착한 딸의 간병하는 모습, 편찮은 할머니를 돕는 손녀딸의 모습도 촬영했다.

그러는 과정에서 우리는 담당 PD와 다양한 주거지원의 방법을 이야기했는데, 미영이네 가족에게 지원이 가능한 전세자금제도가 있었다. 한국토지주택공사에서 주거가 불안정한 취약계층에게 지원하는 사업으로, 5천만 원의 전세자금을 10년간 연대보증 없이 전세담보만으로 대출해 주고 세입자는 약간의 월세만 내면 되는 주거지원사업이었다. 하지만 워낙에 좋은 조건이라 경쟁이 매우 심해서 당첨되는 것은 쉽지 않았다. 하지만 방송출연을 계기로 담당 PD는 토지주택공사에 여러 차례 전화를 해서 미영이네의 긴급하고 어려운 사정을 이야기했다. 거기에 덧붙여서 우리는 그동안 미영이네 가족의 어려운 생활과 현재의 위기상황을 상세하게 기록해서 신청서류와 함께 한국토지주택공사에 제출했다.

이렇게 여러 사람들의 다양한 노력으로 미영이네는 방송출연으로 팔백만 원의 후원금을 받을 수 있었으며, 한국주택공사에서 10년간 지원하는 오천만 원의 전세자금을 대출받을 수 있게 되었다.

이사 가던 날, 미영이 특유의 함박웃음을 지으며 아빠와 할머니와 함께 떠났다. 그리고 일 년이 지난 어느 날, 강아지를 좋아했던 미영이가 '전문대 애견학과'에 수시합격 되었다는 행복한 소식을 전달받았다.

깊은 인연

몇 년 전 구청 사회복지과에서 보육업무를 담당할 때의 일이다. 우리 팀에는 직원 세 명과 한 명의 복지도우미가 있었다. 보육업무는 워낙 일이 많았기 때문에 복지도우미가 내 업무를 보조했다. 30대 중반의 복지도우미는 여섯 살, 아홉 살인 어린 두 아들과 함께 사는 기초생활수급자 모자가정이었다. 말수가 적고 조용한 성격이었지만 민원인에게도 친절하고 아주 꼼꼼하게 일을 처리해서 함께 일하기에 좋았다.

어느 날 저녁 늦게까지 팀직원들과 함께 일하던 날, 그녀의 살아온 이야기를 듣게 되었다. 간판가게를 하던 남편이 3년 전 교통사고로 사망을 했다. 남편은 밤늦게 고가도로 난간에 현수막을 설치하는 중이었고 그녀는 고가도로 밑에서 남편이 일하는 것을 바라보고 있었다. 그런데 갑자기 지나던 차에 치여서 남편은 밑으로 추락했다. 사고를 낸 승용차는 도망쳐 버렸는데, 마침 사고현장을 목격한 택시기사가 쫓아가서 붙잡았다. 택시기사에게 붙잡힌 뺑소니 운전자는 아르바이트로 돈을 벌며 야간대학에 다니는 스물한 살 청년이었다. 운전면허도 없는 청년은 술이 취한 상태에서 친구 형의 차를 몰래 끌고 운전하다 사고를 내고는 뺑소니 쳐버렸다. 청년은 곧바로 구속이 되었다. 시골에 사는 청년의 부모님이 찾아와서 그녀에게 손이 발이 되도록 아들의 죄를 용서해 달라고 빌었다. 그녀는 아무런 보상금조차 없이 합의서를 써줄 수밖에 없었다고 했다.

그녀의 이야기를 듣는데 갑자기 몸에 소름이 돋았다. 3년 전 어느 날, 대학교 1학년인 아들은 매일 밤늦게 집에 들어왔다. 그날도 자정이 조금 넘은 시간에 집에 들어온 아들이 방금 집 근처의 고가도로에서 사람이 떨어져서 죽는 것을 보았다고 했다.

고가도로 밑에는 부인으로 보이는 젊은 여자가 서 있다가 갑자기 남편의 사고를 당하고는 엉엉 울며 어찌할 줄 몰라 해서 아들이 119에 전화를 해서 구급차를 불러주었단다. 부부가 앰뷸런스에 실려 가는 모습을 보고 집에 들어온 아들은 큰 충격을 받았는지, 사람 사는 것이 참 별거 아닌 것 같다는 말을 하고는 방으로 들어가 버렸다. 아들의 이야기를 들은 나도 누구인지는 모르지만 젊은 여자의 갑작스러운 충격과 슬픔이 가슴 한복판을 싸늘하게 스쳐지나가는 듯했다.

그런데 그날 남편의 죽음 앞에서 엉엉 울 수밖에 없었던 젊은 여자가 바로 지금 나와 함께 일하는 그녀였던 것이다. 길가다 옷깃만 스쳐도 전생의 인연이라고 한다. 그만큼 70억 인구 중에서 우리가 평생 만나지 못하는 사람이 훨씬 많기 때문에 한 번의 만남이라도 소중하게 생각하라는 말일 것이다. 그렇게 맺은 그녀와의 인연은 소중했다.

그녀는 남편이 죽은 후에 당장 살아갈 길이 막막했고 동 주민센터를 찾아갔다. 그녀의 세 가족은 '조건부수급자'로 선정되어 보호를 받게 되었고, 그녀는 자활사업대상자로 구청 사회복지과에서 복지도우미로 근무하게 되었다. 비록 80만 원도 안 되는 적은 급여였지만 그녀는 어린

두 아들을 밥을 굶기지 않을 수 있었으며 무상으로 어린이집에 보낼 수 있었다.

하지만 남편의 사고 당시 세 살이었던 작은 아들이 문제를 보이기 시작했다. 학교에 입학할 나이가 되었는데도 말을 하지 않는 것이었다. 집에서 엄마와 형, 이모네 가족들과 이야기할 때는 아무 문제를 보이지 않았는데, 그 이외의 사람들 누구하고도 아이는 말을 하지 않았다. 친할머니를 만나러 시골에 내려가도 하루종일 한 마디도 안 했다. 마치 말을 못하는 아이 같았다.

그런데 문제는 그것만이 아니었다. 한번 고집을 부리면 아무 것도 통하지 않았다. 밤 12시가 넘은 시간에도 아이스크림이 먹고 싶다고 떼를 쓰면 사다 주어야 했다. 달래기도 하고 매를 들기도 했지만 도저히 아이를 이길 수 없었다. 혼자 힘으로 남편의 부재와 경제적 빈곤을 버티어 내는 것도 힘들었지만 작은 아이가 보이는 증상은 그녀를 더욱 힘들게 했다. 그녀가 평소보다 더 우울해 보이는 날이 있었다. 이유를 물어보면 작은 아이가 아침부터 심하게 떼를 부렸기 때문이었다.

진정으로 그녀의 편이 되어 도와주고 싶었다. 당시 구청 4층에서는 종합사회복지관 분관이 있어서 다양한 프로그램이 운영되었다. 비록 근무시간이긴 했지만 계장님과 상의해서 그녀를 교육 프로그램에 참여할 수 있도록 했다. 특히 자녀양육법, 부모교육 프로그램에는 빠지지 않고 참여할 수 있도록 배려했다. 아침에 출근을 하면 그녀와 함께 커피를 마시며 아이와 있었던 이야기를 했다. 아이는 꼭 밥을 남기고 흘리며 반찬투정을 했다. 그러다가 조금이라도 엄마가 야단을 치면 방 안을 데굴데굴 구르며 울어댔다. 하루 이틀도 아니고 매일매일이 전쟁 같았다. 하지만 형과 둘이서 밥을 먹을 때는 밥을 남기거나 흘리지 않는다고 했다. 이모네 가서 사촌 형과 누나들과 함께 놀고 밥을 먹을 때는 전혀 떼를 쓰지 않는다고 했다. 오로지 엄마와 함께 있을 때만 보이는 증상이었다.

아이가 세 살 때 아빠가 사라졌다. 어느 날부터인가 엄마는 아이를 돌보아 주지 않았고 웃지도 않았다. 아이는 하루종일 베란다에서 혼자 놀았다. 아무도 말을 시키는 사람도 없었고 가끔 세 살 위인 형과 같이 노는 것이 아이의 전부였다. 예전에는 아빠와 함께 베란다에서 장난감 놀이를 하며 놀았던 아이는 어느 날 갑자기 아빠와 엄마, 그리고 모두를 잃어버린 것이었다.

세 살짜리 아이가 엄마의 슬픔과 고통을 이해하기엔 너무 어렸다. 갑자기 모든 돌봄이 사라진 아이가 받아들여야 할 놀람과 슬픔을 이제는 배려해 주어야 할 것 같았다. 비록 아이는 자신의 마음을 표현하지 못할 만큼 어렸지만, 아이가 받은 상처를 보듬어 주어야 할 것 같았다. 그래서 그녀에게 구체적인 행동제안을 해보았다.

가족이 함께 밥을 먹을 때에는 자기가 먹을 밥은 자기가 푸기, 세 가족이 모두 참여해서 맛있는 요리 만들기에는 아이의 역할을 크게 만들어 보도록 했다. 주말마다 도넛을 만들고, 카레라이스를 해먹고, 호떡을 만들어 먹었다. 평일 저녁에는 집 근처의 운동장에 가서 함께 자전거를 타고 훌라후프를 했다. 주말에는 가까운 공원에도 가고 산에도 함께 갔다. 그러면서 아이는 조금씩 나아졌고, 초등학교에 입학해서는 학교생활에도 잘 적응할 수 있게 되었다. 그렇게 2년쯤 지난 후 나는 시청으로 발령을 받았고 그녀와 헤어지게 되었다.

한 달쯤 지난 어느 날, 그녀가 나를 찾아왔고 복지도우미를 그만두겠다고 했다. 아마도 주사님이 함께 있었으면 헤어짐이 겁이 나서 용기를 내지 못했을 것이라고 했다. 조건부수급자이기 때문에 복지도우미를 그만두면 수급자 보호는 중지되지만, 컴퓨터 자격증을 따서 취업을 해보겠다고 했다. 그동안 여러 가지 어려움이 있었는지 그녀는 눈물을 보였다. 하지만 그녀는 이겨낼 수 있을 것 같았다. 그렇게 몇 달이 지난 후, 전화선 너머에서 그녀의 밝고 들뜬 목소리를 들을 수 있었다.

"주사님, 저 세무사 사무실에 취직했어요. 이번에 너무나 운이 좋았어요."

그렇게 또 몇 년이 지났다. 이제 그녀는 기초생활수급자도 아니고, 저소득 한부모가정으로도 보호받지 않는다. 올해 그녀의 큰 아들은 고등학교, 작은 아들은 중학교에 입학을 했다. 그녀는 이제 경력사원으로 세무사 사무실에 근무하고 있다. 그녀는 지금 내가 힘들고 피곤할 때는 같이 만나서 밥도 먹고 수다도 푸는 나의 친한 친구다.

정말 괜찮은 그녀가 내 젊은 친구인 것이 자랑스럽다.

TIP

자활사업과 조건부수급자에 대하여 알려드릴게요

정부에서는 '국민기초생활보장제도'를 도입하면서 근로능력자의 기초생활보장과 함께 그들의 근로역량을 배양하고 일자리를 제공해서 빈곤에서 탈피할 수 있도록 지원하고 있습니다.

우선 근로능력이 없는 수급자는 장애인, 질병이나 부상으로 인해 치료 또는 요양이 필요한 사람, 65세 이상 노인, 20세 미만의 중고교재학생을 말합니다. 만 18세 이상 64세 이하로서 근로능력이 있지만 조건제시유예자, 조건부과제외자를 제외한 근로능력이 있는 수급자에 대하여 자활사업대상인 조건부수급자로 관리하게 됩니다.

읍면동에서는 근로능력이 있는 수급자의 자활지원을 위해서 대상자에게 필요한 욕구조사 및 생활실태를 파악해서 근로유지형 사업이나 복지도우미 사업에 참여하도록 합니다. 자활사업역량평가에 따른 참여사업표를 참조하시기 바랍니다.

<table>
<tr><th colspan="3">자활사업 종류</th><th>실시기관</th><th>기 준</th><th>판정대상자</th></tr>
<tr><td colspan="3">고용노동부 자활사업</td><td>고용센터</td><td>근로능력과 의욕이 일반 노동시장에서 취업이 가능한 자</td><td>집중
취업대상자
(70점 이상)</td></tr>
<tr><td rowspan="5">보건복지부 자활사업</td><td colspan="2">희망리본</td><td>희망리본
수행기관</td><td>취업욕구가 강한 사람</td><td rowspan="4">근로능력강화
대상자
(45~69점)</td></tr>
<tr><td rowspan="4">자활
근로</td><td>시장
진입형</td><td rowspan="3">지역자활센터
민간위탁기관</td><td rowspan="3">- 자활 프로그램 참여 욕구가 강한 사람
- 임시 · 일용직 경험이 있는 사람</td></tr>
<tr><td>인턴
도우미형</td></tr>
<tr><td>사회
서비스형</td></tr>
<tr><td>근로
유지형</td><td>시 · 군 · 구</td><td>- 노동강도가 낮은 사업에 참여 가능한 사람
- 간병 · 육아 등 가구 여건상 관내참여만 가능한 사람</td><td>근로의욕증진
대상자
(45점 미만)</td></tr>
</table>

노숙하는 모자

"엄마가 함께 있어서 아동보호전문기관에서는 받을 수 없대요. 삼정동에 있는 노숙인 쉼터로 보내면 되겠네요."

6살쯤 된 남자아이와 30대 초반의 젊은 여자가 내 옆에 있는 상담탁자에 고개를 수그린 채 앉아 있었다. 여자와 아이는 안산의 가정폭력쉼터에서 얼마간 보호를 받았다고 한다. 이들 모자는 당장 갈 곳이 없었지만, 쉼터에서는 이들을 가정폭력으로 분류할 수가 없기 때문에 계속해서 보호할 수 없었다. 그래서 안산의 쉼터 상담원은 그들 모자의 최종 주소지인 부천으로 데리고 왔단다. 우리 사무실의 긴급지원 담당자와 노숙인 담당자가 안산의 상담원과 함께 이야기를 하며 해결방안을 찾는 중이었다.

그런데 부천에는 이들 모자를 보낼 일시보호소가 없었으며, 아동보호전문기관에서도 엄마와 함께 아이를 보호할 수 없다고 했단다. 직원들은 하는 수 없이 이들 모자를 남자 노숙자들이 있는 노숙인 쉼터로 보내기로 결정을 내리는 중이었다.

"아무리 갈 곳이 없어도 남자 노숙인들만 있는 그런 곳에 젊은 여자하고 어린아이를 어떻게 보내요?"

무작정 그들의 대화에 끼어들은 나도 그들 모자를 보호할 특별한 방법이 있는 것은 아니었다. 답답한 마음에 그들이 앉아 있는 탁자에 같이 앉아서 안산의 가정폭력상담소의 상담원들에게 이들 모자의 상황에 대해서 이야기를 듣게 되었다.

그녀는 결혼하고 부천에서 살았다. 영업사원을 하던 남편이 5년 전 아무런 말 없이 집을 나가버렸다. 그녀의 고통은 그때부터 시작이 되었다. 사채업자로부터 수없이 많은 전화와 협박을 받았으며, 월세보증금조차 남아 있지 않았다. 두 살 된 아들과 먹고살기 위해 식당에 나가서 일당을 받으며 생계를 유지했지만, 어디에 있는지조차 알 수 없는 남편의 부재와 밤낮을 가리지 않고 계속되는 사채업자로부터의 위협은 그녀를 깊은 나락으로 떨어뜨리기에 충분했다. 몇 달치 월세가 밀린 어느 날, 그녀는 살림도 모두 그대로 둔 채 아이와 함께 야반도주했다.

서울로 가서 쪽방 같은 곳에서 아이와 함께 지냈다. 여자는 굶지 않기 위해 낮에는 식당일이건 일당 노동일이건 가리지 않고 일했다. 하지만 일한 노임을 떼이게 되자 쪽방의 방값도 내지 못하게 되었고, 모자는 다시금 길을 나섰다. 처음에는 아이와 함께 찜질방에서 지내기도 했지만, 모든 돈이 다 떨어진 후에는 서울역 등지를 전전하며 노숙을 했다.

그렇게 2개월 정도 지난 후, 그녀는 무조건 전철을 탔고 안산에서 내렸다. 배가 고프고 지친 모자는 길가의 성당 문을 밀고 들어갔고, 그들을 발견한 신부님이 안산의 가정폭력쉼터에 그들을 보내주었다. 하지만 쉼터에서도 무작정 그들 모자를 계속해서 보호할 수는 없었다고 했다. 그들 모자를 가정폭력피해자로 분류할 수는 없었기 때문이었다. 안산의 쉼터는 가정폭력피해자를 위한 곳이었기 때문에 그들 모자는 한 달 정도 그곳에 머물다 다시 부천으로 오게 된 것이었다.

우선 그들 모자를 받아줄 곳을 찾아야 했다. 아동보호전문기관 소장님과 다시 통화를 했다. 기관에서 운영하던 아동그룹홈도 작년에 폐쇄되었고, 운영된다고 하더라도 엄마와 함께는 받을 수 없다고 했다. 새소망 모자원이 있지만, 그곳은 일시보호소가 아니었기 때문에 받아줄 리 만무하다. 도대체 이렇게 사회복지예산이 넘쳐난다고 하는데, 이들 모자를 며칠간이라도 잠재워 줄 곳이 없다니, 이게 뭐란 말인가?

갑자기 퍼뜩 떠오르는 곳이 있었다. 송내동 선한목자교회에서 운영하는 '청소년 쉴터'는 미인가 시설이지만, 원장님하고는 잘 알고 지내는 관계이다. 작년에도 김장김치하고 쌀하고 넉넉하게 후원을 연계하기도 했고, 중앙어린이집 원아들이 모은 '사랑의 저금통' 후원금도 보냈었다. 이번엔 내가 좀 신세를 져야겠다는 생각이 들었다. 원장님에게 한 열흘 정도만 당장 갈 곳 없는 모자를 보호해 달라고 요청하니 흔쾌히 승낙해 주었다. 참으로 감사하고 다행한 일이었다. 안산의 상담원들은 우리에게 이들 모자를 인계하고 편안한 얼굴로 떠났다.

우선 열흘 정도의 기간을 벌었으니, 이들을 어떤 방법으로 보호해야 하는지 공무원들끼리의 협의가 남아 있었다. 이들에게는 우선 3개월간의 긴급지원을 할 수 있을 것이라 생각되어 긴급지원 담당자에게 3개월간의 긴급보호를 요청했다. 그런데 긴급지원 담당자가 이들이 주소는 부천에 있지만, 실제로 거주하지 않아서 긴급지원이 어렵다고 대답을 한다. '욱' 하고 올라오는 성질은 어쩌지 못한다.

"이 주사님, 당장 갈 곳이 없으니 정말로 긴급지원이 필요한 것 아닌가요?"

임용된 지 1년 남짓한 신규 공무원이라 그런지 울컥하는 내 말에 얼른 고개를 끄덕인다. 다음에는 기초생활수급자 책정을 해야 한다. 통합조사팀 직원은 그녀에게 수급자 신청서류를 작성하도록 안내했다. 신청서와 금융정보제공동의서 외에는 그녀가 제출할 수 있는 서류가 없었다. 나머지 필요한 서류는 담당 공무원들이 금융조회를 하고, 그동안 안산에서의 보호기록 등을 첨부하면 될 것이었다. 그렇게 우리 직원들은 손발이 척척 맞아 이들 모자를 보호하기 위한 과정을 진행했다.

하지만 또 하나의 넘어야 할 산이 있었다. 몇 년간 겪어야 했던 심각한 경제적 궁핍과 남편의 부재, 오롯이 혼자서 아이와 살아남아야 했던 그녀는 심각한 우울증을 앓고 있었다. 쉼터에서 지내는 동안 여러 가지 부적응 행동을 보였다고 했다. 아무 말 없이 아이와 함께 나가서 밤에 들어오지 않기도 하고, 누가 불러도 대답도 하지 않고 방 안에 계속 엎드려 있기도 했다. 사례관리사가 그녀에게 지급되는 긴급주거비로 아이와 함께 지낼 수 있는 방을 알아보자고 이야기해도 가만히 눈을 감고 있을 뿐이었다.

청소년 쉼터에서 지낸 기간이 처음 약속한 열흘보다 훨씬 지나버린 어느 날, 그녀를 깊은 우울에서 꺼낼 계기가 필요했다. 사례관리사와 쉼터선생님도 함께 모였다. 쉼터선생님이 그녀는 아들을 많이 사랑하며 아이교육도 아주 바르게 한다고 칭찬을 했다. 그런데 그동안 너무 고생을 한 탓인지 우울한 상태가 매우 심한 것 같다고 이야기했다.

나는 그녀에게 조금은 단호한 어조로 이야기를 시작했다. 우리는 엄마와 아이를 위해서 할 수 있는 최선을 다했으며, 이제는 이곳에서 나와서 당신 스스로 아이와 함께 지낼 곳을 찾아야 하며, 그렇지 않으면 우리도 더 이상 도움을 줄 수 없다고 말했다.

"엄마가 지금의 상태에서 벗어나기 위해서는 공무원의 노력이 반, 본인의 노력이 반이에요. 처음에 약속한 열흘이 훨씬 지났고, 이제는 더 이상 이곳에서 머무를 수는 없어요. 내일 아침 짐을 싸서 아침 10시까지 구청으로 오세요. 아이와 지낼 수 있는 방을 구하러 같이 다닙시다. 꼭 약속을 지켜야 합니다. 약속을 지키지 않으면 우리도 더 이상 돕지 않을 겁니다."

다음 날 아침 그녀는 10시에 아이와 함께 구청에 왔다. 일자리를 구할 때까지 매일 아침 구청으로 커피를 마시러 오라고 그녀에게 이야기했더니 빙그레 웃는다. 구청 근처의 고시원 사장님에게 아이와 함께 지낼 수 있도록 방을 부탁했더니, 고시원에서 제일 좋은 창문이 있는 햇빛이 드는 방을 내주었다. 이들 모자에게 지급한 긴급생계비는 당분간 이들의 식사를 해결해 줄 것이고, 주거비는 고시원임대비로 사용하면 된다.

세상은 이렇게 서로 돕고 사는 것인가 보다. 어린이집 원장님에게 이들 모자의 어려움을 이야기하니 추가비용을 받지 않고 아이를 보육할 수 있도록 해주었다. 현재 그녀는 우울증 치료를 받고 있고, 아이는 어린이집에 잘 다니고 있다.

이제 그녀가 일할 수 있는 일자리를 구하면 조금은 나아지겠지!

TIP

긴급지원사업에 대하여 알려드릴게요

긴급지원사업은 말 그대로 긴급한 위기사유가 생겼을 경우에 지원하는 제도입니다. 긴급지원의 기본 원칙은 '선지원 후처리의 원칙'입니다. 위기상황에 처한 사람이 지원요청이 있는 경우, 긴급담당 공무원이 1일 이내에 현장을 확인하고, 2일 이내에 우선 지원하는 제도입니다. 지원받은 사람의 소득과 재산은 나중에 조사하여 지원의 적정성을 심사하게 됩니다. 그런데 추후에 지원받은 사람의 소득이나 재산이 지급기준을 초과하면, 별도의 환수조치를 하게 됩니다.

두 번째는 단기지원 원칙으로 가령 실직이나 교도소 출소 등의 동일한 사유로 반복해서 지원은 하지 않지만, 2년이 지난 경우에는 재지원이 가능합니다.

세 번째는 타법률 우선지원 원칙입니다. 긴급한 위기상황을 맞은 가정에 일시적인 지원보다는 국민기초생활보장이나 의료급여, 시설보호 등의 지원 가능 여부를 검토하는 것이지요. 이런 경우에도 다른 법률로 보호를 받기 이전에 긴급신청자의 위기상황을 고려하여 우선 긴급지원이 가능합니다.

긴급지원사업의 종류를 알려드릴게요. 긴급지원은 생계비, 의료비, 교육비, 주거비, 연료비, 해산비, 장제비 등이 있는데요. 추가로 전기요금이 체납되어 단전된 경우에도 최대 50만 원까지 체납액 지원이 가능합니다. 물론 긴급지원에도 소득과 재산에 대한 기준이 있습니다.

〈2015년 소득 및 재산기준〉

구 분	대도시	중소도시	농어촌
재 산	13,500만 원	8,500만 원	7,250만 원
금융재산	500만 원 이하(단, 주거지원은 700만 원 이하)		
소 득	최저생계비 185% 이하 (1인 기준 1,141천 원, 4인 기준 3,086천 원 이하)		

지원금액은 지원항목별로 차이가 있는데요. 생계비는 1인 가구인 경우 월 409,000원이며 가족 수가 늘어날수록 금액은 올라갑니다. 의료비는 최대 300만 원까지 지원이 가능하며, 교육비도 초중고에 따라 차이가 있습니다. 그 밖에 해산비는 60만 원, 장제비는 75만 원, 전기요금은 50만 원까지 지원됩니다. 생계비와 주거비는 3개월까지 지원하며, 다른 것들은 1회 지원이 되는데, 특별한 사유가 있는 경우에는 연장이 가능합니다.

종류도 많고, 내용도 많아서 복잡하지요. 혹시 긴급지원이 필요한 경우에는 동 주민센터나 시군구에 문의하시면 자세한 내용을 안내해 드립니다.

이제 우리 가족도 잘살고 싶어요!

사업에 실패한 남편이 집을 나간 지 10년이 지났다. 남편이 쌓아놓고 나간 빚더미 때문에 살던 집과 살림을 모두 놔두고 쫓겨났다. 당장 아이 셋을 데리고 갈 수 있는 곳이 없었다. 하는 수 없이 여인숙에 들어갔다. 여인숙에서 살면서 당장 끼니를 때우기 위해 식당에도 나가고 노동판에도 나가서 일을 했다. 초롱초롱한 눈으로 엄마만 바라보고 있는 아이들을 보면 아플 수도 없었다. 그냥 콱 죽어버리고 싶었지만 나 혼자가 아니라 네 명이 같이 죽어야 했다. 차마 그런 일을 할 수는 없었다. 저렇게 예쁜 아이들을 어떻게 죽게 하나 싶어서 죽을 생각은 애초에 버렸다. 그렇게 한참을 살았다.

그러던 어느 날 어떻게 소문을 들었는지 처녀시절 다니던 직장의 사장님이 여인숙으로 찾아오셨다. 사장님은 나와 함께 한참을 눈물바람을 했고, 그동안의 내 이야기를 듣더니 본인의 집에 빈방이 있으니 와서 살라고 했다. 그렇게 보증금 없는 월세방에 아이 셋을 데리고 현재 살고 있는 집으로 이사를 오게 되었다. 너무나 고맙고 감사했기에 어떻게든 월세만큼은 밀리지 않고 내려고 했었다. 하지만 아무리 열심히 일을 해도 늘 빚에 허덕였다. 2년이 넘게 월세가 밀리고, 제대로 아이들 공부도 시키지 못하고 있었다. 옛정을 생각해 보증금도 없이 우리에게 방을 빌려준 사장님을 볼 면목이 없었다.

어렵고 힘들게 사는 사람들을 만나보면 얼굴만 봐도 그동안의 삶의 과정이 보이는 경우가 많다. 대부분 얼굴에는 그 사람의 삶의 에너지가 느껴지는데, 그녀는 그렇게 힘들게 살아왔는데도 얼굴이 찌들어 있지 않았고, 목소리도 밝고 경쾌했다. 이런 사람을 만나면 우리들도 공연히 힘이 솟는다. 솟아오르는 힘과 함께 돕고 싶은 에너지도 함께 솟아오른다면 조금 과장된 표현일까!

이 가정의 가장 시급하고 중요한 문제는 주거문제였다. 아무리 맘씨 좋은 집주인이라 하더라도 27개월이나 월세가 밀린 세입자를 그냥 놔두긴 쉽지 않은 일이었다. 결국 옛날 사장님인 집주인은 더 이상 봐주기 어렵다며 집을 비워달라고 했는데, 추운 겨울에 아이 셋과 갈 곳은 없었다. 긴급하게 무한돌봄센터에서 관리하는 메리츠화재 걱정해결후원금을 신청했고, 후원담당자는 우선 사례관리대상자를 직접 만나본 후에 결정하겠다고 했다. 아주 긴급한 경우가 아니면 후원금으로 주거비를 지원하는 경우는 흔하지 않기 때문이었다.

하긴 우리가 관리하는 대상자 중에 자기 집에 사는 사람은 거의 없었으며, 제대로 된 전세방에 사는 사람들도 없었다. 예쁜 얼굴은 아니었지만 고생한 것에 비해 밝고 환한 웃음을 가진 그녀를 상담한 후에 담당자는 그녀의 가정에 500만 원의 주거비를 지원하기로 결정했다.

그런데 조건이 있었다. 27개월간 밀린 월세금을 반환하는 조건이 아닌 보증금으로 사용해야만 한다는 것이었다. 하긴 나도 속으로는 그런 생각을 했었다. 500만 원으로 밀린 월세를 갚고 나면 다시 금방 또 어려워질 것이 분명한데 다른 좋은 방법을 찾느라 궁리 중이었다. 후원 담당자의 조건은 차라리 다행스러운 일이었다. 이제 집주인을 만나서 해결할 방법을 찾는 것이 최선의 방법이었다. 내 전화를 받은 집주인은 그동안 속상했던 것을 모두 이야기하고 싶은 것 같았다.

"아휴, 정말 그동안 스트레스 받은 걸 생각하면… 내 속이 다 문드러졌어요. 월세가 자그마치 27개월이 밀렸어요. 맘 같아선 당장이라도 집을 비우라고 하고 싶지만, 새벽기도 가서 기도하면 또 불쌍한 마음이 들어서 그럴 수도 없고…"

나는 집주인의 '새벽기도'라는 단어에 집중했다. 며칠간을 고민하다가 집주인을 찾아가서 시에서 지원받은 후원금 내용을 설명하고, 이 돈은 체납된 월세가 아닌 전세보증금으로 계약해 줄 것을 부탁했다. 그동안의 밀린 월세는 나중에 돈을 벌어서 갚는 것으로 하고, 보증금 500만원의 전세방으로 전환해 달라고 간절히 부탁했다. 나의 제안에 집주인은 처음에는 고개를 저었다. 하지만 집주인이 교회 권사님이라는 말에 나는 더욱 적극적으로 설득을 했고, 집주인의 '생각해 보겠다'는 반승낙의 말미를 얻었다. 결국 며칠 후에 집주인은 나의 요청을 승낙했다.

전세계약 하던 날 그녀와 집주인, 나와 공인중개사 아줌마까지 모두 같이 울었다. 집주인도 힘내라며 그녀를 안아주었고 공인중개사 아줌마도 수수료를 받지 않고 계약서를 써주었다.

이제 그녀의 세 아이에 대한 이야기를 하고자 한다. 134kg의 고도비만인 스물두 살 큰딸, 중학교 때부터 악착같이 아르바이트를 하며 혼자 학원에 다니고 공부해서 중국어 6급 자격시험에 합격한 둘째 딸, 아직 초등학교 6학년인 아들이 있다. 그녀는 어느 날 너무 답답한 마음에 동주민센터에 찾아가서 나 같은 사람도 도움을 받을 수 있는지 물어보았다. 그녀의 하소연을 들은 사회복지공무원이 사례관리 서비스를 안내해 주었고, 나는 그녀를 만나게 된 것이었다.

전문대를 졸업하고도 비만 때문에 취업을 하지 못하는 큰딸이 가장 큰 문제였다. 고도비만인 큰딸을 만났는데, 엄마를 닮아서인지 얼굴은 해맑았다. 스트레스가 음식으로 연결된 비만으로 보였고, 비만으로 인한 건강상태를 해결하기 위해 순천향대학병원에서 지원하는 '저소득 개인트레이닝 사업'을 연계하였다. 우선 진료와 검사를 실시했는데, 큰딸은 비만으로 인해 고혈압과 갑상선, 신장에 조금씩 문제를 보이고 있었다. 우선은 만성질환으로 전환되기 이전에 치료를 시작하기로 했다. 진료비는 그리 큰 금액이 아니었기 때문에 본인이 부담하기로 했고, 큰딸의 건강상태가 좋아지는 대로 운동처방을 받아 체계적인 운동을 시작할 수 있도록 계획을 세웠다. 우선 당장 오늘부터 큰딸에게 매일 저녁 집 근처의 초등학교 운동장에 나가서 한 시간씩 걷도록 권고했다. 물론 엄마와 함께, 가능하면 동생들도 데리고 나가서 걷도록 설득했다.

작은딸은 올해 고등학교를 졸업하는데, 대만으로 유학 갈 준비를 하고 있다. 처음에는 이렇게 어려운 가정형편에 유학을 간다고 하는 것이 이해가 되지 않았다. 하지만 둘째 딸은 어릴 때부터 악착같아서 중학교 때부터 아르바이트를 하며 학원을 다녔단다. 열심히 공부해서 중국어 6급 시험에 합격을 했고, 방학 때는 대만 어학연수 프로그램에 무료 자원봉사자로 참여했다. 대만유학도 장학금과 아르바이트로 모든 것을 충당할 것이라고 한다.

처음 그녀를 만났을 때 생활형편에 비해 밝은 모습이 의아했는데, 이 가족의 긍정적인 에너지 때문이었다는 생각이 들었다. 죽고 싶을 만큼 힘이 들지만, 아이 셋을 바라보면 웃음이 나오는 엄마, 134kg의 고도비만이지만 친구도 많은 큰딸, 중학교 때부터 아르바이트를 해서 공부한 둘째 딸이 이 가족의 희망이었다.

이제 그녀는 집에서 너무나 마음 편하게 지낸다고 했다. 그동안 힘들 때는 소주 한 병을 마셔야 간신히 잠들곤 했는데, 지금은 그냥 편하게 잠을 잘 수가 있단다. 그동안 그녀는 하루하루를 죽지 못해 살았고, 죽어라 일해도 누구 하나 알아주는 사람도 없었다. 늘 돈에 허덕이고 살았는데, 사례관리사인 나를 만난 후 따뜻한 마음으로 위로해 주고 진심으로 대해주어 너무 고맙다고 했다.

"아직 사는 것이 힘들긴 하지만, 세상에 내 편이 있다는 생각을 하면 자다가도 웃음이 나요. 이제부터는 정말 잘살고 성공하고 싶어요. 정말 감사합니다."

너무나 어렵고 힘든 상황에서도 무너지지 않고 꿋꿋하게 살아온 그녀에게 힘찬 박수를 보낸다.

* 이 사례는 부천시 무한돌봄센터 함석신 사례관리사가 주 사례관리자로 진행한 사례임

Chapter 4

버려진 아이들

초록이의 검은 창문

버려진 아이

서비스 연계만이 최선은 아닙니다

서로에게 고마운 존재

DNA검사를 했으면 좋겠어요!

초록이의 검은 창문

"이상하게 들리시겠지만 우리 반 아이 중 한 명이 죽은 사람들이 계속 말을 걸어온다면서 수업시간에도 중얼중얼거려요. 그런데 담임인 저도 어떻게 도움을 주어야 할지 모르겠어요. 아이가 수업시간에 거의 집중도 못하고 행동이 점점 이상해지고 있어요."

아직 6월 초인데도 한여름처럼 무더운 날이었다. 부천의 어느 고등학교 선생님이 불안한 목소리로 시청 무한돌봄센터에 전화를 했고, 초록이에 대해 도움을 요청했다.

초록이는 새 학년이 시작되는 3월 초부터 이상한 행동이 눈에 띄었고 친구들과 어울리지 못했다. 선생님은 여러 번 초록이와 대화를 시도해 보았지만 진전이 되지 않았다. 학생기록부를 찾아서 초록이 엄마에게 전화를 해서 병원치료가 필요할 것 같다고 이야기했지만 엄마의 태도도 석연치 않은 느낌이었다. 몇 번 더 엄마와 통화를 했지만, 집안 형편이 어려워 병원에 갈 엄두를 내지 못하고 있다고만 대답했다. 참으로 답답한 일이었다. 더구나 초록이의 가슴 부분에는 계란만 한 덩어리가 만져

졌는데, 초록이에게 물어보니 계속 자라는 것 같다고 했다. 선생님의 목소리는 가늘게 떨리기조차 했다.

선생님의 이야기를 듣고 나니 우선 가능한 한 빨리 초록이와 가족들을 만나보는 게 중요한 일이라 생각되었다. 다음 날 담임선생님과 함께 초록이네 집을 방문해서 이들 모녀를 만났다. 초록이 엄마는 두려운 표정으로 우리를 맞이했고, 초록이는 반쯤은 넋이 나간 듯 눈에 초점이 없었다. 초록이는 우리와 나누는 간단한 질문도 이해하지 못했으며, 초점 없는 눈으로 멍하니 쳐다볼 뿐이었다. 재차 같은 질문을 하면 비로소 미안한 표정을 지으며 듣는 시늉을 했지만 그것도 아주 잠깐일 뿐이었다.

엄마의 이야기로는 초록이가 작년부터 자꾸 혼자서 뭔가 중얼거리기도 하고, 사람을 피하는 행동을 했단다. 엄마가 보기에도 아이의 행동이 조금 이상하고 의아하긴 했지만 사춘기라 그러려니 하고 그냥 넘겼다. 담임선생님의 전화를 받고 걱정이 되긴 했지만 생활이 너무 어려워 선뜻 병원에 갈 엄두를 내지 못하기도 했고, 그러다 말겠거니 생각했단다. 하긴 엄마도 건강이 많이 좋지 않아 본인의 몸을 지탱하는 것조차 힘들어 보였다. 초록이 엄마는 최근 몇 년간 난소암과 유방암, 갑상선 수술까지 큰 수술을 세 번이나 받았다고 했다. 더구나 작년에 남편이 일하던 직장이 부도가 나면서 월급을 제대로 받지 못했기 때문에 경제적 어려움이 더해져서 집안 형편이 말이 아니라고 했다.

남편은 받지 못한 월급의 일부라도 받기 위해서 매일 사장을 찾아다녔고, 초록이 엄마는 당장 먹고 살기 위해 아픈 몸으로 식당에서 설거지나 일손을 거들어 주며 생활비를 벌어야만 했다. 그러다 보니 세 명의 아이들에게 밥을 먹이고 학교에 보내는 일 외에는 다른 것에 신경 쓸

겨를조차 없었다고 했다. 가족들이 모두 모여도 점점 말이 없어졌고, 초록이가 조금 이상하다고 느꼈지만 어찌해 볼 도리가 없었다. 더구나 엄마는 초록이의 가슴에 멍울이 생긴 것도 얼마 전에 알았다고 했다. 초록이는 가족들이 걱정할까 봐 헐렁한 옷으로 가슴의 혹을 감추었단다. 아마도 힘들게 생활하는 부모님한테 자신이 아프다는 것을 말하기 미안해서 혼자서 감당하려 했던 것 같았다.

초록이의 상태는 생각보다 심각했다. 환청으로 들리는 목소리가 열 명이 넘었다. 돌아가신 할머니, 고모 등 초록이가 본 적도 없는 사람들이 계속해서 말을 걸어온다고 했다. 그 사람들이 네게 무슨 얘길 하는지를 물으니 초록이는 눈물만 흘릴 뿐이었다.

처음 담임선생님 전화를 받고는 초록이의 증상은 조현증이라 생각되었다. 그래서 출장을 나오기 전에 정신건강센터에 미리 상담의뢰를 해 놓았고, 그것은 참 잘한 일이었다. 덕분에 시간을 지체하지 않고 담임선생님과 나, 그리고 초록이 모녀와 함께 센터를 방문했고 곧바로 1시간 정도의 상담이 진행되었다.

센터 담당자는 초록이가 너무 어린 상태라 단정하긴 어렵지만 조현증 초기 발현으로 보인다고 했다. 더 심각한 건 환청의 내용이 죽음과 관련되어 있다는 점이었다. 초록이 귀에는 밤낮을 가리지 않고 '네가 죽어야 집안이 잘 된다'라거나 '너는 죽어야 한다'는 환청이 반복적으로 들리고 있는 상황이었다. 센터 담당자는 곧바로 정신과 진료와 약물처방을 받을 수 있도록 인근 정신과 병원을 연계해 주었다. 나중에 알게 되었지만 초록이는 환청소리가 지시하는 말을 따라 실제로 학교 옥상을 오른 적도 있었다고 했다.

망설이거나 지체할 시간이 없었다. 병원에서 진료를 받는 중에도 환청이 너무 심해 안정제 주사를 맞아야 할 정도였으니 말이다. 그렇게 초록이와의 만남은 처음부터 긴박하게 진행되었다.

환청도 문제였지만 초록이의 가슴 부위에 만져지는 큰 멍울도 정확한 검사와 치료가 필요한 상황이었다. 우선 성모병원 사회사업실에 연락을 해서 정신의학과와 외과에 동시 예약을 요청했다. 다행히 부천시와 성모병원과는 소액의료비 지원을 위한 업무협약이 체결되어 있었기 때문에 치료비를 부담할 능력이 없는 사람들도 치료비 걱정 없이 치료를 할 수 있었다. 초록이의 가슴에 있는 혹은 조직검사 결과 여성유방거대섬유근종으로 생명에 지장은 없지만 너무 컸기 때문에 절제술이 필요했다. 초록이를 치료하면서 우리는 성모병원 사회사업실과 사례회의를 진행하였다. 그동안의 치료비와 검사비는 무한돌봄센터에서 지원하고, 수술비는 성모병원에서 지원하기로 했다. 정신의학과에서는 갑상선 기능이 저하되어도 환청 증상이 생길 수 있다며 갑상선 기능검사를 진행하는 등 다른 가능성을 염두에 두었지만 초록이는 조현증과 우울증으로 진단되었다.

담임선생님에게 전화를 받고 나서 한 달이 지났다. 이 기간 동안 초록이의 가슴에 있는 섬유근종절제술과 정신과 진료 등 모든 개입이 신속하게 이루어졌고, 이후에도 수술이 필요할 경우 병원에서는 무료로 치료를 해주기로 했다.

우리는 아프지 않을 때는 의사들을 좋아하지 않는다. 너무 비싼 병원비 때문이기도 하고, 과잉진료를 받은 것 같다는 느낌 때문에 가끔은 병원과 의사들을 욕하기도 한다. 하지만 초록이처럼 긴급한 경우를 당한 때는 하느님만큼 감사함을 느끼게 되는 것이 바로 의사선생님이다.

이후 초록이는 매주 한 번씩 병원에 가서 진료와 약물처방을 받았기 때문에 환청 증상은 빠르게 치료되었으며, 3개월 후에는 환청이 들리지 않을 정도로 안정이 되었다. 병원에서는 1년간은 환청 증상이 없는 상태가 지속되어야 완치로 볼 수 있다며, 6주에 한 번은 꼭 병원에 와야 한다고 했다. 그동안 초록이의 환청 증상을 이해하지 못하고 화만 내던 아빠도 조현증이란 질환을 이해한 뒤로는 초록이를 대하는 태도가 많이 바뀌었다.

초록이의 증상과 고통을 알게 되면서 가족들에게도 변화가 찾아왔다. 가족끼리 더 이해하는 마음이 생겼고, 웃는 시간이 많아졌다. 경제적인 어려움이 해결되지는 않았지만 아빠도 다시 일을 시작하게 되었고, 엄마도 식당에서 시간제로 일을 하며 다시 희망을 그리게 되었다.

사람마다 세상을 보는 자기만의 창문을 하나씩 가지고 있다는 생각을 자주 한다. 초록이의 창문은 검은색이었고 창밖은 어둠으로 뒤덮여 있었다. 그런 창문으로 세상을 보며 초록이가 떠올린 건 우울과 절망 그리고 죽음이었다.

사례관리자는 대상자의 창문 앞에 함께 서는 것에서 시작된다. 대상자의 눈으로 세상을 바라보고, 대상자와 함께 아파하고, 대상자와 함께 창문을 닦는 것. 그리하여 대상자가 좀 더 밝은 세상을 바라볼 수 있도록 도와주는 것이 바로 사례관리자인 내가 해야 할 일이다. 그런 후 비로소 '대상자'가 아닌 '그'로 바뀌는 모습을 보면서 웃음 지을 수 있다면 더욱 행복할 수 있겠지!

* 이 사례는 부천시 무한돌봄센터의 이연숙 사례관리사가 주 사례관리자로 진행한 사례임

버려진 아이

"고모가 입원동의서를 써주어야 하는데, 바빠서 올 수 없다고 연락이 왔어요."

참으로 답답한 일이었다. 수양부모조차 포기한 이 아이에게 가장 필요한 것은 치료를 받는 것이었다. 그런데 강제입원을 시키려면 보호자의 동의가 필요한데, 입원동의서에 서명을 해줄 수 있는 고모조차 이렇게 협조를 해주지 않으니 너무 힘든 일이었다. 하긴 고모 탓만 할 수도 없는 일이었다. 그동안 정신질환자인 남동생과 그 가족들을 돌보느라 지치긴 했을 것이다. 하지만 이 아이와 가장 가까운 인척은 고모밖에 없으니, 우리는 계속해서 고모에게 연락하고 협조를 요청할 수밖에 없었다.

중학교 3학년인 경호는 친부모가 모두 살아 있다. 하지만 여섯 살 때부터 수양부모에게 보내져서 양육되었다. 2년 정도 수양부모와 함께 살다가 초등학교에 입학하면서 할아버지와 치매환자인 할머니, 정신질환자인 아빠가 사는 구로구로 가서 살기 시작했다. 중학교 1학년 때 할아버지가 돌아가시자, 치매환자였던 할머니는 요양시설로 가고, 정신질환자인 아빠는 장애인생활시설로 갔지만, 경호는 갈 곳이 없었다. 경호의 딱한 사정을 전해 들은 목사님이 다시 키우겠다고 해서 경호는 수양부모님 집으로 가게 되었다. 수양부모님은 교회 목사님인데, 목사님 본인의 자녀 세 명과 입양자녀 다섯 명과 같이 살았으며, 경호는 입양자녀 중 제일 큰 자식이었다. 그런데 경호가 중학교 3학년 때 수양부모님이 도저히 경호를 키울 수 없을 것 같다며 시청 무한돌봄센터에 도움을 요청했다.

경호는 큰누나와 핸드폰 문제로 싸우고 나서 가출을 해버렸다. 물론 그 이전에도 툭하면 가출을 했고, 아이들과 어울려 건물 지하 주차장에서 잠을 자며 노숙생활을 했다. 전단지 아르바이트로 돈을 벌어서 밥을 사먹고 PC방에 갔다. 그러다 경찰에 붙들려서 다시 수양부모집으로 오곤 했다.

"이 집은 너무 갑갑해요. 밖으로 나가고만 싶다니까요."

예전에 구로구에 살 때는 아무도 경호의 행동을 통제하거나 간섭하는 사람이 없었다. 경호가 학교에 가지 않든, 집을 나가서 며칠씩 안 들어오든, 아무도 귀찮게 하지 않았다. 돈이 없으면 훔치면 되었고, 그 돈으로 밤새도록 PC방에서 지냈다. 그러다 친구들하고 본드도 불었다. 가끔 할아버지가 술에 취해서 경호를 때리는 것만 빼면 그때가 훨씬 편했다.

경호는 어릴 때부터 자주 배가 아팠다. 한번 화장실에 가면 두 시간씩 앉아 있기 일쑤였다. 그래서인지 경호는 몸도 약하고 마른 편이었다. 그런 탓이었을까? 초등학교 6학년 때 학교에서 사건이 벌어졌다. 중학교 폭력선배들이 경호와 몇 명의 아이들을 동영상 촬영 대상자로 찍었다. 폭력선배들이 고른 아이들을 모아 성적인 동영상을 촬영했고, 이 일로 인해 선배들은 모두 소년원에 들어갔다. 다행히 경호는 협박에 의한 피해학생으로 분류되어 귀가조치되었다. 그런 이유 때문이었을까? 수양부모집에서 경호는 제일 어린 일곱 살짜리 여자동생에게 성적인 행동을 하다가 엄마에게 들켰다. 수양부모의 형과 누나들도 경호와는 함께 살 수 없다고 의견을 모았다.

그렇게 경호는 우리에게 왔다. 경호에게 가장 필요한 것은 치료였다. 만일 경호를 그냥 이대로 방치한다면? 이 아이가 성인이 된 모습을 상상하는 것만으로도 불안해졌다. 부모의 부재와 방임, 학대로 인해 경호는 ADHD 및 심각한 품행장애 증상을 보이고 있었다. 외래치료가 손쉽긴 했지만, 툭하면 병원에 가지 않을 것이고 심심하면 가출을 해버리는 아이를 매일 병원에 동행한다는 것은 불가능한 일이었다. 경호를 치료한 몇 곳의 정신병원에서도 가족력과 경호가 보이는 증상을 보아서 반드시 입원치료가 필요하다고 진단을 했다.

경호를 입원치료하기 위한 우리의 노력이 시작되었다. 우선 의사표현이 제대로 되지 않는 정신장애인인 경호아빠는 보호자에서 배제할 수밖에 없었다. 오래전 이혼해서 집을 나간 엄마를 찾았고, 연락이 되었다. 하지만 이미 재혼해서 두 명의 자식을 낳아 살고 있는 엄마는 예전의 가족들과의 연계를 단호히 거절하였다. 수양부모님은 후견인 동의를 해주고 싶어 했지만, 그럴 수 있는 자격이 없었다. 그래서 우리는 마지막으로 경호의 보호자 자격이 있는 고모에게 연락을 했다. 전화를 받은 고모는 단호하게 거절했다. 그동안 오빠네 가족들 때문에 속앓이 한 것을 생각하면 진저리가 난다고 했다. 요양원에 있는 어머니와 장애인 시설에 살고 있는 오빠의 보호자 노릇을 하는 것도 너무 힘들다고 했다. 그런데 무슨 사고를 칠지도 모르는 조카의 후견인 지정을 승낙하는 것은 할 수 없다고 했다. 두 번의 통화 후에 고모는 우리 전화조차 받지 않았다.

참으로 답답한 일이었다. 고모의 마음을 이해하지 못하는 것은 아니었지만, 우린들 다른 방법이 없었다. 우리는 귀찮을 정도로 계속해서 고모에게 연락을 했다. 전화를 안 받으면 메시지를 보내서 그동안의 경과를 알려주고 일정을 통보했다. 결국 고모는 '이번이 마지막'이라는 조건을 달고 경호의 입원을 위해서 경호와 함께 병원에 동행해 주었고 보호자란에 서명을 해주었다.

"선생님, 일주일에 한 번은 꼭 면회 와주세요. 꼭이요."

경호를 입원시키고 일어서는 내게 경호는 풀죽은 목소리로 말했다. 물론 그렇게 하겠다고 대답했다. 대신 병원에서 주는 약을 빼놓지 않고 잘 먹어야 하며 의사선생님의 치료를 잘 받아야만 한다고 약속을 했다. 이 아이의 마지막 끈인 나라도 꼭 붙잡아 주어야 했기 때문이었다.

그동안 경호는 가출했을 때를 빼고는 학교에 잘 나가는 편이었다. 물론 학교에 가서 공부를 열심히 하는 것은 아니었고, 거의 상담실에서 시간을 보냈다. 상담실에는 경호와 비슷한 친구들이 여럿 있었으며, 그곳에서는 주로 잠을 잤다. 경호는 상담을 받으면, '구로구'에 가고 싶다고 말했다고 한다. 왜 그런 말을 했을까? 구로구에는 예전에 조부모와 아빠가 살던 곳이다. 여섯 살 때 그곳을 떠나 수양부모집에서 2년쯤 살다가 핏줄이 통하는 곳으로 가서 6년 정도 살았다. 그곳에서 경호는 수없이 망가지고 팽개쳐졌다. 가출과 노숙, 도둑질과 폭력, 본드흡입 등이 경호의 삶을 채워주었지만, 그래도 경호는 친구들이 많았다. 비록 비슷한 형태의 삶을 살아가는 친구들이긴 했지만. 그런 경호에게 '구로구'는 고향과도 같은 곳이었을 것 같다.

아직 경호는 병원에 입원 중이다. 나는 경호와의 약속을 지키기 위해 일주일에 한 번은 꼭 병원에 간다. 내가 아파서 병원에 입원했을 때를 빼고는 말이다. 경호는 병원에 입원하기 전보다 훨씬 상태가 좋아졌다. 제대로 치료를 받고 있기 때문일 것이다. 하지만 경호가 다시 퇴원을 해서 우리가 사는 이곳으로 돌아왔을 때, 또 다시 예전으로 돌아가 버리면 어쩌나 싶다. 경호가 병원에 가기 전과 달라진 것은 아무 것도 없다. 경호가 퇴원해서 돌아온다고 해도 친부모는 여전히 경호를 돌볼 수 없을 것이며 그럴 가능성은 거의 없다. 고모는 경호를 만나기 원하지 않으며 경호의 주위에 있던 친구들도 그대로이다.

그래도 한 가지 희망이 있다면 아직까지 경호를 포기하지 않은 경호의 수양부모님이 남아 있다는 것이다. 그분들에게 감사드린다. 경호를 위한 마지막 끈을 그분들과 함께 잡을 수밖에 없으니 말이다.

* 이 사례는 김명선 사례관리사가 주 사례관리자로 진행한 사례임

서비스 연계만이 최선은 아닙니다

민수는 조손가정의 열일곱 살 청소년이다. 나이로는 고등학교 2학년이지만, 민수는 초등학교 6학년까지만 학교를 다녔다. 초등학교 때 학교에서 심한 왕따를 겪으면서 중학교 입학을 거부했다. 부모님이 돌아가신 것은 아니지만 아주 어릴 때부터 할머니와 함께 살았다. 부모님은 민수 형제가 아주 어릴 때 이혼을 했으며, 엄마는 그 이후 얼굴을 본 적이 없기 때문에 엄마에 대한 기억은 거의 없었다. 아빠는 일 년에 한두 번쯤 할머니와 민수 형제가 사는 영구임대아파트에 다녀가는데, 민수 형제는 아빠가 보고 싶다거나 하는 마음이 거의 없었다. 아빠가 집에 와봤자 할머니와 아이들에게 욕을 하거나 집 안의 물건을 부수곤 했다. 그런 후에 할머니에게 돈을 빼앗아 갔다. 차라리 아빠가 집에 한 번도 오지 않았으면 좋겠다고 생각했다.

민수 할머니는 매일 죽었으면 좋겠다고 이야기한다. 전기를 아껴야 한다며 불을 켜지 않았기 때문에 집 안은 항상 어두웠고 햇빛이 들어오지 않았다. 할머니는 항상 온몸이 아프다고 했다. 손주들이 말도 안 듣고 힘만 들게 한다면서, 민수 형제를 시설에 보냈으면 좋겠다고 이야기했다. 할머니는 복지관 선생님이나 동 주민센터 공무원들을 만나기만 하면 민수 형제를 시설에 보내는 방법을 알려달라고 했다. 그러다 결국 동생 경수는 작년에 시설로 갔다. 경수는 지금 고등학교 1학년인데, 중학교 때 학교에서 심한 왕따를 당했다. 학교를 옮겨야 할 상황이 되었고, 할머니도 계속해서 경수를 시설로 보내달라고 이야기했기 때문에 동 주민센터와 복지관에서 협조해서 경수는 청소년들만 보호하는 소규모 시설로 보내졌다. 할머니는 지금도 복지관에 찾아가서 민수도 시설에 보냈으면 좋겠다고 말했다. 하지만 민수는 시설에는 절대로 가지 않겠다고 이야기했다. 민수가 자신의 의견을 표현하는 유일한 것이기도 하다.

민수가 공부를 못하긴 했지만 학교를 다니고 싶지 않은 것은 아니었다. 하지만 초등학교 6학년 때를 생각하면 도저히 학교를 다닐 수가 없었다. 아이들은 민수를 싫어했고, 손가락질했으며 왕따를 시켰다. 6학년 때도 너무나 학교에 가기 싫어서 학교에 간 날보다는 가지 않은 날이 더 많았다. 그리고 민수는 중학교에 가지 않았다. 선생님도, 할머니도, 복지관 선생님도 민수에게 중학교에 가야 한다고 이야기했지만, 민수는 절대로 중학교에 가지 않겠다고 했다. 어차피 중학교에 가면 초등학교 때 민수를 괴롭히던 애들과 같이 학교를 다녀야 하기 때문이었다. 그리고나서 민수는 집에만 있었다. 하루종일 컴퓨터 앞에만 앉아 있었다. 게임을 하거나 판타지 소설을 보는 게 민수의 유일한 일이었다. 그러다가 배가 고파지면 라면을 삶아 먹었고, 졸리면 잠을 잤다. 하루 24시간이 밤낮의 구분이 없었다.

그렇게 몇 달이 지난 어느 날, 복지관 선생님이 민수네 집에 가정방문을 왔다가 민수를 보고는 동 주민센터에 심각한 상황을 알렸다. 동 주민센터에서도 민수네 집을 가정방문했고, 문제의 심각성을 깨닫기 시작했다. 그때 민수의 얼굴은 보통 청소년의 모습이 아니었기 때문이었다. 이때부터 민수에 대한 사례관리가 시작되었다.

제일 먼저 아동바우처 사업으로 정신건강서비스센터에서 가정방문을 나갔다. 처음 가정방문을 나갔을 당시, 민수는 우울감이 심했으며 심각한 게임중독 증상을 보이고 있었다. 센터의 상담선생님이 민수네 집에 주 1회 가정방문을 하며 민수와 의사소통을 위해 노력했지만 매번 허탕이었다. 간신히 3개월 정도 지날 무렵 약간의 라포형성이 시작되어 민수와 함께 산책하기와 책읽기를 시작할 수 있었다. 하지만 집 안은 항상 어두웠고 거의 채광이 되지 않았다. 민수는 컴퓨터 게임과 환타지 소설에만 집중하고 있었고 자신의 생각이나 의사를 표현하지 않았다. 더구나 할머니는 민수에게 제대로 된 식사를 제공해 주지 않았으며, 손주를 시설에 보내고 싶다는 말만 되풀이했다. 그렇게 정신건강서비스센터에서 진행된 상담은 10개월 후에 종료되었고, 그 다음으로 복지관에서는 민수를 대안학교에 보내는 것으로 진행했다.

사실 민수가 대안학교에 나가기 시작한 것만도 큰 진전이었다. 하지만 초반에는 학교생활에 적응하지 못해 자주 결석을 했다. 대안학교 선생님은 아침에 학교에 오지 않은 민수를 데리러 직접 집에 찾아갔고, 아직 이불 속에 누워 있는 민수를 깨워서 학교에 데리고 가곤 했다. 이것이 가능했던 이유는 대안학교의 전체 학생이 스무 명도 되지 않았기 때문에 가능했다. 학교에 안 가는 날보다 가는 날이 더 많아진 민수는 조금씩 학교에 흥미를 가지기 시작했다. 더구나 학교에서 제주도로 체험학습을 떠났고, 여행기간 내내 민수는 매우 즐거워했고 평소보다 훨씬 많은 이야기를 했다. 그런데 어느 날부터 민수는 학교에 나오지 않았다. 선생님의 이야기로는 학교에 다니는 동안에도 할머니로 인한 스트레스가 매우 심했다고 한다. 민수는 다시 컴퓨터 앞에 앉아서 움직이지 않았다. 그렇게 대안학교 과정은 종결되었고 다시금 몇 달이 지났다.

얼마 후 복지관과 주민센터 직원들이 함께 민수네 집에 가정방문을 갔다. 몇 명의 사람이 방문을 열고 들어가도 민수는 꼼짝도 하지 않았다. 민수의 온몸은 부어 있었으며, 눈 밑의 다크서클은 마치 팬더곰을 연상시킬 만큼 짙게 드리워져 있었다. 누가 보기에도 당장의 입원치료가 필요하다고 생각될 만큼 민수의 모습은 심각했다. 민수를 입원시키기 위해서는 부모의 동의서가 필요한데, 아무도 연락이 되지 않았다. 결국 오래전 이혼해서 연락이 두절된 민수의 엄마에게 연락을 해서 입원동의서 서명을 받을 수 있었다. 다행인지 불행인지, 민수의 친엄마는 재혼 후 다시 이혼을 했고, 현재 기초생활수급자로 보호받고 있었기 때문에 쉽게 연락이 될 수 있었다.

그렇게 민수는 정신병원에서 입원치료를 시작했다. 입원 당시에 민수는 소통이 불가능할 정도로 심각한 우울감과 게임중독증상을 보이고 있었다. 6개월 정도 입원 후 민수는 약물복용과 상담치료로 상태가 많이 좋아졌으며, 치료과정에서 민수와 함께 목표를 설정할 수 있는 단계까지 나아갈 수 있었다. 민수와 상담선생님은 고입검정고시 한 과목 합격에 목표의 합의점을 두었으며, 이후 다섯 명의 정신보건사회복지사가 집중해서 학습을 지도했다. 그런데 놀랍게도 민수는 처음 시험에서 세 과목이나 합격했으며, 작년 8월에는 고등학교 입학자격 전체 검정고시에 합격하게 되었다. 얼마 후 통원치료를 조건으로 민수는 퇴원을 하게 되었다.

하지만 또다시 문제가 발생했다. 얼마 지나지 않아 민수가 병원치료를 받으러 오지 않기 시작했고, 상태가 다시금 나빠지기 시작했다. 민수가 병원에 오지 않는 가장 큰 이유는 할머니가 버스비가 많이 든다는 이유로 돈을 주지 않기 때문이었다. 민수는 다시 컴퓨터 앞에서 하루종일을 보냈다. 이제는 할머니 잔소리에 방문을 부수는 폭력적인 행동까지 보이고 있다.

그동안 민수는 수많은 선생님들을 만났다. 사회복지공무원, 복지관 사회복지사 선생님, 청소년 상담센터 선생님, 대안학교 선생님들, 정신과 의사, 정신보건사회복지사를 만나서 치료를 받았고 학교에도 다녔고 병원에 입원도 했다.

그렇게 4년이 넘게 지났지만, 현재 민수의 모습은 처음의 모습과 크게 달라진 것이 없었다. 다양한 전문가들이 여러 가지 전문적인 방법을 동원해서 민수를 치료하려고 노력했다. 하지만 모든 치료과정은 일정 기간이 지나면 종료가 되었고, 다시 다음 전문가에게 넘어갔다.

민수의 치료에 주인은 없었으며, 단지 대상자만 있었을 뿐이었다.

참으로 답답한 일이었다. 치료과정 중에는 조금 나아진 모습을 보이다가 집에 돌아가면 다시 이전의 모습으로 돌아가는 민수를 보면서 우리가 하는 일에 회의를 느끼게 된다. 가난해서 민수를 치료할 경제적인 능력은 없지만, 함께 사는 보통의 부모라도 있었다면 이렇게 답답하지는 않을 텐데 말이다. 이제 2년 정도 지나면 민수는 성년이 된다. 그러면 우리는 민수의 상태가 좋아지든 그렇지 않든 간에 이렇게 복합적인 치료서비스를 제공하지 않게 될 것이다.

이제 우리는 그 아이를 위해서 무엇을 해야 할까?

서로에게 고마운 존재

작은 체구의 소녀가 사무실 문을 살그머니 밀고 들어온다. 내가 자리에 있는 것을 확인하고는 얼른 다가와서 빨간 카네이션을 내민다. 작년에 대학생이 된 영아다. 영아는 5월 스승의 날이 되면 나를 찾아온다. 작년에도 왔었는데, 올해도 잊지 않고 찾아와 주었다.

"올해도 또 왔네. 고마워 영아야."

내가 사례관리사로 일하기 시작한 지 한 달 정도 되었을 즈음이었다. 어느 날 청소년상담지원센터에서 도움을 요청하는 전화를 받았다. 부천의 한 고등학교에서 상담의뢰를 받아서, 몇 달간 상담을 진행했지만 아이가 마음을 열지 않아 많이 힘들다고 했다. 가정방문을 하려는데 함께 동행해 주었으면 좋겠다고 했다. 그렇게 만난 아이가 바로 영아였다.

영아는 학교에서 간질로 의심되는 발작이 두 번 있었다. 담임선생님이 부모님을 만나고 싶으니 학교에 오시라고 영아에게 여러 번 말했지만 영아의 부모님을 만날 수 없었다. 또한 집안 형편에 대해서 물어보아도 아무 것도 대답하지 않았기 때문에 어떻게 접근해야 할지, 어떤 방법으로 도와야 할지 답답한 상황이라고 했다. 영아는 오로지 자기가 병원에서 치료받을 수 있도록 도와달라는 말만 되풀이하고 있었다. 학교에서는 반 친구들과 말을 하거나 같이 밥을 먹지도 않았고, 가끔 교무실로 선생님들한테 찾아와서는 구걸하다시피 돈을 얻고 있다는 것이었다.

대체 무슨 사정이 있는 걸까?

다행히 동 주민센터 사회복지담당자가 영아의 가정 형편을 알고 있었다. 영아는 한 달에 한 번 정도 동 주민센터에 찾아와 엄마와 자기의 치료비를 지원해 달라고 조른다고 했다. 아버지는 사업실패 후 오래전에 가출했고, 엄마는 심한 우울증을 앓고 있으며 집에만 틀어박혀 있었고, 함께 살던 언니마저 몇 달전 가출해 버렸다. 당장 이들 모녀의 생계가 막막했지만 부모가 이혼을 한 상황이 아니어서 기초생활수급자 보호를 할 수 없었다고 했다. 그런 상황에서 영아가 동냥하듯 엄마의 약값과 생활비를 마련하고 있었던 것이다. 열일곱 살의 소녀가 감당하기에는 너무 힘든 삶의 모습이었다.

머뭇거릴 겨를이 없었다. 시급하게 아이를 만나야 했다.

처음 영아네 집에 가정방문을 했을 때는 안에 사람이 있는 것 같은데, 아무리 문을 두드려도 열어주지 않았다. 시청에서 왔으며, 도움을 주기 위해 왔다고 문 밖에 서서 이야기했지만 문 안에서는 묵묵부답이었다. 하는 수 없이 발길을 돌릴 수밖에 없었다. 그리고 다음 날 다시 영아네 집 문을 두드렸다. 그냥 얼굴만 보면 되니까, 걱정하지 않아도 된다고, 잠깐만 문을 열어달라고 간절하게 이야기한 것이 통했는지, 영아 엄마는 문을 열어주었다. 그리고 그 가족과의 관계가 시작되었다.

우선 공적인 지원을 받기 위해서는 몇 가지 서류정리가 필요했다. 이 가족의 긴급한 보호를 위하여 오래전 집을 가출한 아버지의 가출신고 및 주민등록을 말소처리하고 기초생활수급자 보호를 신청했다. 아무리

가출했다고 하더라도 가족의 주민등록을 말소하는 일에는 신중을 기할 필요가 있었다. 주민등록이 말소가 되면 말소된 사람이 우리 사회에서 움직일 수 있는 영역은 훨씬 좁아질 수밖에 없기 때문이다. 하지만 우선 이들 모녀의 치료와 보호가 시급했기 때문에 서둘러 진료를 받을 수 있도록 서류처리를 진행할 수밖에 없었다. 그 다음으로 이들 모녀를 치료하기 위한 병원 연계를 진행했다.

그런데 그토록 병원에 가고 싶어 했던 영아는 진행과정에서 왠지 남의 일 대하듯 무성의한 태도로 일관했다. 필요한 서류들도 약속한 날짜에 가져오지 않았고, 집에 찾아가도 그리 반가워하지 않았다. 영아의 태도가 조금 의아하긴 했지만, 급한 마음에 학교에 찾아가서 영아를 만났고, 영아의 가방 속에 들어있던 서류를 건네받았다. 그렇게 해서 의료비 지원 서류를 병원에 제출했고, 며칠 후 순천향대학병원에서는 이들 모녀의 진단비와 치료비를 지원해 주기로 결정하였다.

"선생님, 고맙습니다."

진단검사 하루 전날, 영아는 내게 전화를 걸어 처음으로 고맙다는 말을 했다. 사례를 시작하고 처음 듣는 말이었다. 영아는 처음에 나를 만나고 치료비와 생활비를 지원할 수 있다는 말을 믿지 않았다고 했다. 불쌍하다고 몇 마디 이야기하고, 얼마의 돈을 주고 그냥 돌아설 것이라는 생각이 들었단다. 그동안 선생님이 정말 고마웠지만 고맙다는 말을 하지 못했다고 했다. 아직 어린 아이가 그동안 세상에 대해 경험했던 싸늘함이 느껴져 마음이 서늘해졌다.

돕고 싶어도 도울 방법을 찾지 못했던 담임선생님과 청소년상담센터 선생님과 함께 모였다. 한두 번의 도움으로 갑자기 영아네 가정이 회복될 수는 없기 때문이었다. 지속적으로 영아를 돕기 위한 방안을 마련하기 위해 함께 이야기했다. 우리는 진정으로 영아에게 필요한 것이 무엇일지를 고민했다. 그 결과로 담임선생님은 원만한 학교생활을, 상담선생님은 졸업 후의 진로를, 나는 생계지원과 질병치료를 나누어 맡았다.

그러면서 영아와 엄마의 삶에도 조금씩 변화가 찾아왔다. 오랫동안 치료를 중단했던 영아 엄마는 정신과 진료를 다시 받기 시작했다. 우울증 치료와 경제적 지원은 조금씩 영아 엄마의 얼굴에 웃음을 돌려주었고, 다시금 이웃들과 가까워질 수 있었다. 학교생활에 적응하지 못한 채 외톨이처럼 지내던 영아도 친구들과 조금씩 어울리게 되면서 웃음을 되찾기 시작했고, 공부에도 차츰 흥미를 갖게 되었다.

겨울방학이 끝날 무렵 영아의 편지를 받았다. 그동안 말로 하지 못했던 이야기들이 또박또박 손 글씨로 적혀 있었다. 세상에 대한 원망도, 아무도 도와주지 않을 거라는 부정적인 마음도, 그리고 한 번씩 일어나는 발작도 너무나 무서웠다고 했다. 하지만 지금은 주위 사람들이 너무 고맙고, 다시 웃을 수 있다고 했다. 특히 선생님이 학교까지 찾아와 서류를 받아가던 날을 잊지 못할 거라는 내용이었다. 기쁘다기보다는 가슴이 뭉클했다.

다음 해 5월 15일. 영아가 불쑥 우리 사무실에 찾아왔다. 반갑기도 했지만 혹시 무슨 일이 있는가 싶어 걱정스러운 마음에 어쩐 일인지 물으니 스승의 날이라서 왔다고 했다. 그리고는 책상 위에 편지 한 통과 서류 한 장을 슬쩍 올려놓았다.

'중략 … 선생님이 있어서 제가 힘이 나고 새로운 꿈을 키울 수 있게 되었어요. 감사드립니다.'

영아가 키운 새로운 꿈은 대학에 진학해서 중국어를 전공하는 것이었다. 그리고 편지 옆의 서류는 외국어능력시험 합격 통지서였다. 영아는 소망대로 대학생이 되었다. 그리고 그 다음 해 5월에 또다시 사무실로 찾아와 카네이션과 편지를 놓고 갔다.

어느덧 우린 서로에게 고마운 존재가 된 것 같다. 내가 서류를 받으러 학교로 찾아갔던 날을 아이가 잊지 못하듯, 나 역시 아이가 처음으로 마음을 열던 날을 잊지 못한다. 사례관리사로서 대상자들을 만나다 보면 힘들 때가 많다. 그들의 힘든 상황이 이해되면서도, 이야기를 들으며 화가 날 때는 나도 모르게 사무적으로 사람들을 대하기도 한다. 하지만 그럴 때마다 영아를 생각하게 된다. 나의 작은 도움이 영아의 꿈을 키우는 계기가 되었듯, 오늘 내가 대상자들에게 건네는 말과 행동이 훗날 그들의 삶을 바꿔놓을 수도 있을 테니 말이다.

모든 사례관리는 인간의 변화 가능성에 대한 믿음에서 시작된다. 비록 어렵고 힘들지만 그것이 나의 믿음이다.

* 이 사례는 부천시 무한돌봄센터의 이연숙 사례관리사가 주 사례관리자로 진행한 사례임

DNA검사를 했으면 좋겠어요!

"아주 오래전 소사 삼거리 굴다리 근처에서 잃어버린 네 살짜리 남동생을 찾을 수 있을까요?"

어느 날 두 남자가 시청 여성복지과에 찾아와서 물었다. 네 살 된 남동생을 잃어버린 것은 15년 전쯤의 일이라고 했다. 부모님이 하던 일이 망해버리자 가족들이 함께 살 수 없게 되었고, 모두 뿔뿔이 흩어지게 되었다. 동생보다 다섯 살 위인 형은 그때 시골 친척집에 내려가 있었다고 했다. 살기가 너무 힘들어진 엄마는 막냇동생을 데리고 무작정 집을 나왔고, 그 이후 다른 가족 누구도 엄마와 동생을 만날 수 없었다.

그러다 얼마 전 깊은 병이 들어 삶이 얼마 남지 않은 엄마와 연락이 되었다. 당연히 엄마와 함께 있어야 할 동생이 어디에 있는지 엄마도 모른다고 했다. 엄마에게서 떨어지지 않으려는 막내아들 손을 붙잡고 나온 엄마는 살아가는 일이 너무나 막막했던지 네 살짜리 막내아들 손을 소사 삼거리 굴다리 근처에서 놓아버렸다고 했다.

가족들이 뿔뿔이 흩어진 뒤로 아버지는 술로 세월을 보내다가 이미 세상을 떠난 지 오래 되었다. 우리 사무실을 방문한 두 사람은 스물다섯 살이 된 형과 40대 중반의 친삼촌이었다. 엄마가 동생과 함께 살았을 것이라는 믿음을 가졌던 가족들에게 병든 엄마의 모습과 어린 동생의 부재는 참으로 큰 충격이었을 것이다. 이미 15년 전에 버려진 동생을 찾는 일이 그들에게는 가장 큰 책임이고 속죄였을 것이다.

자료가 과연 남아 있을까?

지금은 모든 서류가 전자문서로 작성해서 보존되기 때문에 오래된 서류라도 목록만 찾을 수 있다면, 원본서류를 찾는 것이 그리 어려운 일은 아니다. 하지만 수기로 작성된 1980년 초반의 〈기・미아 보호대장〉을 찾을 수 있을지 의문이었다. 일반적으로 회계서류의 보존기간은 5년이고, 대부분의 서류는 1년에서 3년 정도의 보존기간을 거친 후에 분쇄해 버린다. 물론 인허가 서류, 종사자 자격이나 고용확인에 관한 서류는 영구보존하지만, 1980년대 초반이면 아직 '복지'라는 개념조차 희미하던 시절이었다. 게다가 서류파일로 보관된 것도 아니어서 15년이나 지난 자료가 시청 종합서고에 보관되어 있지 않을 것이 분명했다.

우선 형과 삼촌에게 얼마간의 시간을 달라고 이야기했다. 그리고 최선을 다해서 당시의 관련 자료를 찾아보겠다고 약속했다. 그리고 9층의 종합서고를 샅샅이 뒤졌다. 알레르기 비염을 앓고 있던 나는 콧물과 재채기로 뒤범벅이 되었고 오래 묵은 먼지로 손은 금방 까매졌지만, 그 가족들을 도와주고 싶었다. 하지만 이틀 동안 서고를 뒤졌지만 찾을 수 없었다. 다시금 우리과 사무실 옆에 있는 상담실 겸 창고로 사용하는 헌 캐비넷들을 뒤지기 시작했다. 캐비넷 안의 모든 파일을 한 권도 빠지지 않고 모두 들춰서 혹시라도 안에 끼어 있는 서류가 있는지 확인을 했다.

그리고 찾았다! 누렇게 변해버린 갱지에는 이렇게 기록되어 있었다.

'성명 미상의 4~5세가량의 남자 아이가 소사 삼거리 근처에서 울고 있는 것을 주민이 발견해서 데려옴'

아이는 기·미아 보호절차를 거쳐 〈새소망 소년의 집〉으로 보호조치 되었다고 기록되어 있었다. 그 다음부터는 일사천리로 진행이 되었다. 나는 즉시 새소망의 집으로 연락을 했고 그곳에서는 우리보다 훨씬 빨리 기록을 찾아내었다. 엄마를 잃어버린 충격으로 자신의 이름을 잊은 아이는 노 원장님의 성을 따서 이름을 지었고, 현재 고등학교 3학년이었다.

형과 삼촌은 동생을 찾았다는 연락을 받고 한걸음에 달려왔고, 우리와 함께 새소망의 집을 방문했다. 형이 찾아왔다는 소식을 듣고 사무실 문을 열고 들어선 아이의 얼굴과 동생을 찾은 형의 얼굴을 번갈아 보니 웃음이 나왔다. 어린 시절 헤어져 15년이란 오랜 시간이 지난 후에 만나게 된 형제의 모습은 우연히 길에서 마주쳐도 알아볼 수 있을 만큼 닮아 있었다. 그래도 다시 확인하고 싶었나 보다. 형은 동생과 본인의 DNA 검사를 해보기를 원했고 검사 결과 '동일한 DNA를 가진 형제'가 분명하다는 결과가 나왔다.

기록과 보관의 중요함을 절절하게 깨닫게 된 사건이었다.

마침 아이는 오랜 기간 새소망의 집의 후원자였던 목사님의 양아들로 입양되기 위한 절차를 진행 중이었다. 물론 곧바로 입양절차가 중지되었고, 본래의 성과 이름을 되찾을 수 있게 되었다. 아이는 고등학교 3학년이었기 때문에 졸업할 때까지는 그대로 새소망의 집에서 살다가 대학에 입학하면서 가족들이 있는 곳으로 갔다.

새소망의 집을 떠나는 아이의 행복한 모습을 상상해 본다. 그런데 그 모습과 함께 아이와 함께 지냈던 시설에 남아 있는 아이들의 풀죽은 모습이 잠시 어른거렸다.

Chapter 5

사회복지공무원의 뱃심 기르기

뇌물수수 사회복지공무원

뱃심 기르기

기억하고 싶지 않은 이야기들

기자도, 방송국 PD도 공무원 편이 될 수 있어요

금융감독원과 은행도 우리 후원자가 되었습니다

뇌물수수 사회복지공무원

“할머니, 마음은 감사하지만 그냥 가지고 가세요. 이러시면 안 돼요.”

지팡이를 짚은 꼬부랑 할머니였다. 할머니는 경찰공무원인 큰아들과 함께 사는데, 작은아들 부부가 이혼을 하고는 손주 한 명만 덜렁 할머니한테 맡겨놓고 어디론가 가버렸다. 큰아들한테도 미안하고 큰며느리한테도 눈치가 보이긴 했지만, 그래도 어미아비가 다 버리고 간 손주를 할머니마저 모른 체할 수는 없었다.

손주가 고등학교에 입학하게 되자 할머니는 도움을 받을 수 있는지 알아보기 위해 동 주민센터에 찾아오셨다. 손주의 일상생활은 할머니와 큰아빠의 도움으로 해결이 되었기 때문에 구태여 기초생활수급자 보호가 필요하지 않다고 판단되었다. 하지만 공무원인 큰아빠의 소득으로 고등학생이 된 조카의 등록금과 나머지 학비를 부담하는 것은 어렵고 힘든 일임이 분명했다. 나는 손주를 교육특례자로 보호하기로 결정하고 할머니에게 자세한 서류를 안내해 드렸다. 그렇게 해서 손주는 고등학교 1학년부터 교육급여 특례로 보호받게 되었다. 손주의 고등학교 입학금과 등록금, 교과서대까지 지원받을 수 있게 되었다고 이야기하니 할머니는 걱정이 하나도 없다며 내 손을 꼭 잡으셨다. 큰아들 내외가 착해서 조카에게 눈칫밥을 주지는 않으니 그것도 고마운 일이라고 그랬다.

할머니의 세상살이에 감사하는 마음이 사회복지공무원인 내게 3만 원의 현금이 든 봉투를 가져오게 한 것이었다.

한참을 할머니와 실랑이를 벌이다가 나는 할머니에게 졌다. 할머니는 결국 내 책상서랍에 흰 봉투를 넣어 놓으시고 다시금 꼬부랑 허리로 사무실을 나가셨고, 나는 곧바로 다른 민원업무를 처리하느라 정신이 없었다. 다음 날 아침 나는 할머니 계좌로 하얀 봉투에 들어있던 3만 원을 입금시켰다. 교육비가 입금되는 은행 계좌번호를 아니까 무통장 입금시켜 드리면 된다고 혼자 속마음으로 생각한 내가 어리석은 행동이었다는 것을 안 것은 한참 후의 일이었다.

"이 주사님, 민원인으로부터 돈 봉투를 받은 적이 있다고 감사실로 신고가 들어왔어요. 사실인가요?"

'배나무 밑에서 갓끈 고쳐 매지 말고, 참외밭에서 신발 끈 고쳐 매지 말라'는 속담이 딱 맞는 경우였다. 나는 감사실로 무통장 입금증과 할머니와의 상담기록, 은행 계좌번호 등 관련 증빙서류를 제출했다. 증빙자료가 있었기 때문에 아무 일 없이 끝나긴 했지만 불쾌한 기억은 오랫동안 내게 남았다. 하지만 누군가가 우리를 지켜보고 있다는 사실과 공무원의 품위유지가 얼마나 중요한 것인가를 깨닫게 해주는 귀중한 경험이었다.

뇌물수수에 관한 또 하나의 짧은 이야기를 해보고자 한다. 구청에서 아동보육업무를 담당할 때의 이야기이다. 보육시설과 아동시설업무를 담당하다 보니, 보조금 지원업무도 힘이 들지만 보조금 정산업무로 신경을 곤두세우긴 마찬가지이다. 나는 시설관리에 있어서는 항상 원칙을 고수했기 때문에 시설 원장님들한테는 조금은 '악명'이 높은 공무원이었다.

어느 날 방석의 먼지를 털다가 누가 놓았는지 알 수 없는 흰 봉투가 의자 위에 놓여 있는 것을 발견했다. 그때가 12월 20일경이었으니, 누가 크리스마스 선물로 보냈나? 의자 주인 몰래 방석 밑에 봉투를 넣느라 얼마나 조바심 했을까 싶다. 웃음이 났다. 봉투를 열어보니 10만 원짜리 구두상품권이 들어 있었다. 하지만 시설장들한테 악명 높은 내게 진실한 마음의 선물을 했을 것 같지 않았고, 설사 그렇다고 해도 누가 주었는지 모를 상품권으로 구두를 사서 신으면 발병이 날 게 분명했다.

"어! 이게 뭐지요? 방석 밑에 웬 봉투가 있네요."

아무리 생각해도 언제 누가 이것을 놓고 갔는지 짚이는 것이 없었다. 욕심으로 잠깐 마음이 흔들리긴 했지만, 이럴 때는 얼른 입으로 발설해 버리는 것이 최고의 방법이다. 나는 '정직함'이 세상살이의 가장 큰 무기이며, 한 번의 작은 거짓말은 두 번 세 번의 커다란 거짓말을 낳을 수 있다는 것을 알고 있었다. 그래도 혹시 연락이 오면 돌려주겠다는 마음으로 며칠을 보관하고 있었다.

일주일 정도가 지나도 누가 흰 봉투를 두고 갔는지 알 수 없었다. 이런 경우에 어떤 방법으로 처리해야 하는지 알아보기 위해 감사실로 연락을 했다. 감사실에서는 익명의 민원인으로부터 받은 현금이나 물품에 대해서 〈양심신고 제도〉라는 것이 있어서, 자진 신고된 뇌물(?)을 불우이웃돕기나 자선단체에 기부한다고 했다. 나는 곧바로 사송편으로 구두상품권을 감사실로 보냈고, 얼마 후 그 상품권은 중4동에 사는 어려운 이웃에게 선물로 보내졌다는 공문을 감사실로부터 받았다.

뱃심 기르기

몇 년 전부터 '주폭'이라는 단어가 우리 사회에서 회자되고 있다. 사회복지과 사무실이나 동 주민센터 상담실에는 CCTV가 설치되었고, 전화기에는 자동녹음이 가능하도록 되었다. 하지만 그것만으로는 공무원의 안전을 지키는 것이 부족하므로 청원경찰이 배치되어야 한다고 이야기한다. 더구나 연이은 사회복지공무원들의 자살소식은 이런 것들의 필요성을 더욱 부각시키기도 하지만 가장 중요하고 필요한 것은 역시 '사람이 중심'이 되어야 한다는 것이다.

대부분의 사람들은 12월이 되면 새해를 맞을 이런저런 준비들을 하는데, 새해를 위한 나의 준비는 다가올 1년간의 삶의 지침을 준비하는 것이다. 나는 평소에 조금은 말이 많은 편이기 때문에 '쓸데없는 말을 줄이기'라든가, '잘난 척을 하지 말기' 등등의 것들이다. 그런 1년간의 결심은 나라는 인간의 부족한 부분을 채워주기 위한 중요한 실행덕목이기도 하지만, 내 삶이 좀 더 행복해지기 위한 나름의 삶의 방식이기도 하다. 그동안 매년 삶의 지침들을 바꿔왔는데 2년 동안 계속해서 동일한 지침이었던 것이 바로 '뱃심 기르기'였다.

나는 어린 시절 서울의 변두리에서 살았다. 아버지가 일을 해서 가족을 부양하는 보통 가정의 오 남매 중 둘째였다. 가족을 아주 많이 사랑했던 아버지는 열심히 일도 했지만, 엄마를 비롯한 나머지 가족들을 많이 힘들게도 했다. 아버지는 일제 강점기와 6·25전쟁 그리고 격동기의 한국사를 모두 겪은 분이었다. 어린 시절 전쟁으로 부모님을 모두 잃은 아버지는 외조부모님에게 양육되었기 때문에 자신의 가족에 대한 사랑이 더욱 지극했을 것이다.

가족에 대한 과도한 사랑은 본인의 열등감에 대한 표현일 수도 있다는 것을 깨달은 건 내가 성인이 되고 나서도 한참 후의 일이었다. 내가 아버지를 충분히 이해하기 전까지, 나는 아주 오랫동안 아버지를 싫어했다. 아버지는 본인의 감정과 엇박자가 생기면 가족들에게 폭력을 휘둘렀고, 엄마와 우리 오 남매는 무서워서 벌벌 떨어야 했다. 중학교 1학년이었던 어느 겨울, 아버지가 아직 퇴근하지 않은 저녁시간이었다. 엄마와 오 남매가 함께 저녁을 먹고 난 후, 형제들과 즐겁게 놀면서 문득 들었던 생각이 오십이 지난 지금도 아주 생생하다.

'아버지가 집에 오지 않았으면 좋겠다.'

그렇게 십대를 보내고 대학에 가고 어른이 되었다. 결혼을 해서 낳은 아들이 훌쩍 커버려도 내게는 어린 시절의 상처들이 고스란히 마음속에 엉켜 있었다. 나는 조그만 일에도 쉽게 상처를 받는 소녀였고, 청년이었고 그렇게 어른이 되었다. 더구나 사회복지공무원으로 근무하면서 거친 중년의 남자를 민원인으로 상대하는 일은 너무나 힘든 일이었다.

사무실 문을 밀고 들어서는 3, 40대의 중년 남자, 그들은 약간의 알코올 냄새를 풍기기도 했고, 자신의 감정을 조리 있게 설명하지 못한다. 지금 자신이 얼마나 어려운 상태에 있는가를 설명하다가 제대로 이해받지 못한다고 생각되면 갑자기 공격적인 언어나 행동을 표현한다. 그런 민원인이라고 판단되는 순간 얼굴이 붉어지고 심장이 마구 뛰기 시작한다. 그런 상태에서 민원인의 욕구를 제대로 파악해서 적절한 서비스를 제공한다는 것은 너무나 어려운 일이다.

그럴 때 느끼는 나의 감정은 '수치심'이라는 단어가 가장 적절할 것이다. 조금씩 내 마음을 들여다보기 시작한 나는 어린 시절 내가 경험했던 나의 아버지의 모습을 떠올렸다. 중년의 거친 남자 민원인은 어린 시절의 나의 아버지에 대한 투사였던 것이다.

지피지기면 백전백승이라고 한다. 적이 내 안에 있는 것을 깨닫는 순간, 나는 이길 수 있다. 하지만 내 마음속 깊숙이 들어 있는 폭력의 두려움을 극복하는 데는 오랜 시간이 필요했다. 마음속 깊이 내재되어 있는 불안과 두려움을 해결하기 위해 관련 책을 읽기도 하고, 마음공부를 하고자 노력했다. 그리고 내가 선택한 방법은 스스로에게 과제를 주고 실천하는 것이었다.

나에게 찾아오는 민원인이라고 생각되는 거칠고 낯선 남자가 사무실 문을 들어서는 것을 보면, 나는 우선 큰 호흡을 하며 '괜찮아, 잘할 수 있을 거야'라고 스스로에게 다짐한다. 그리고 내 앞에 앉은 그의 이야기를 차분하게 들어주고 받아들이고자 노력한다. 대화 중에 민원인이 심한 공격성을 보여도 흥분하지 않고 스스로를 격려하는 방법, 폭력에 대비하기 위한 물리적인 안전의 방법도 준비했다. 그들도 거친 언어를 사용하지 않고 편안하게 상담이 끝나면, 그들 나름대로의 방법으로 감사함을 표현하기도 한다.

민원인이 돌아가고 난 후 나는 스스로를 칭찬하는 방법을 되풀이하면서, 이제는 웬만한 거친 민원인도 심장의 떨림 없이 대할 수 있게 되었다. 2013년에는 여러 명의 후배 공무원들의 자살소식을 들어야만 했다. 그들에게 찾아온 마음의 고통에 함께 해주지 못했음이 너무나 가슴 아프다.

또 하나, 돌아가신 아버지와의 행복하지 않은 이야기를 하게 되어서 아버지에게 아주 많이 미안하다. 파주 동화공원묘역에 계신 아버지의 묘비명이다.

'삶은 고단하였지만, 소중한 가족이 있어 행복하였네.'

기억하고 싶지 않은 이야기들

그가 교도소 출소를 해서 제일 먼저 찾아간 곳이 동 주민센터였다. 그날은 마침 토요일이어서 동 주민센터 문은 굳게 닫혀 있었다. 월요일 아침 일찍 그는 사회복지팀장인 내게 왔다.

"오랫만이요. 사회복지사 선생. 그동안 잘 있었어?"

그는 지체장애 2급의 기초생활수급자였다. 보증금 100만 원의 월세방에서 수급비를 받아서 혼자 살고 있다. 그는 오래전에 이혼했으며, 형제들도, 조카들도 그가 찾아오는 것을 꺼린다고 했다. 어느 해 명절에 큰형님 집에 찾아갔더니, 조카들이 자기를 마치 벌레 보듯 하는 것 같아 다시는 가지 않는다고 했다. 그에게는 딸이 두 명 있었는데 어디 사는지 알지 못한다고 했다. 동네에서 생기는 폭행이나 기물파손 등의 사건에는 대부분 그가 연루되어 있었다. 그런 그가 동 주민센터에 한 열흘 나타나지 않는 경우가 종종 있었다. 오랜만에 동 주민센터에 나타난 그에게 그동안 어디 갔었는지를 물으면 일당 5만 원의 사회봉사명령을 다녀왔다거나 잠시 큰집에 다녀왔다고 했다.

오랫동안 한 동네에서 그리 지내다 보니, 동네 어른들도 그를 어떻게 하지 못했다. 가끔 동장님이 밥을 사주기도 하고, 사무장이 커피를 타주기도 했는데, 그는 동 주민센터를 마치 자기 집 안방처럼 드나들었다. 그렇게 일상을 유지하던 그가 평소에는 길어야 열흘에서 한 달 정도 사라졌기 때문에 수급자 보호는 계속되었다. 일반적으로 교도소에 수감이 되고 나서 해당 구청으로 공문이 오기까지는 약 한 달 정도 걸리기 때문에 그동안 그의 수급자 보호가 중지된 적은 없었다.

그런데 그때는 무슨 일인지 그가 3개월간 수감되었다가 출소를 했다. 이미 그의 수급자 보호는 중지되었고, 지체장애 2급이었던 장애판정도 다시 받아야만 했다.

교도소에서는 수감자가 출소하기 전에 재범을 방지하기 위한 사회적응 프로그램으로 출소자들이 보호받을 수 있는 사회복지사업에 대해 상세하게 안내를 한다. 많은 출소자들이 출소 전에 받은 안내문을 곱게 접어 주머니에 넣은 채로 동 주민센터를 방문한다. 당장 갈 곳이 없는 사람도 있고, 갈 곳이 있다고 해도 떳떳하지 못한 상태에서 지내야 하는 경우가 많기 때문에 3개월간의 기초생활수급자 특례보호는 그들에게는 단비와 같은 것이었다.

"어머, 오랜만이네요. 이번엔 한참 동안 무슨 일 있었나 봐요."

월요일 아침, 그가 출소해서 동 주민센터를 처음 방문했을 때는 오랜만이라 반갑게 인사를 하고 커피를 타주었다. 물론 그를 기초생활수급자로 다시 책정하는 것은 일사천리로 진행이 되었다. 어차피 그의 생활실태를 다 알고 있었기 때문에 재산이나 소득, 부양의무자에 대해서 다시 조사할 필요도 없었으며, 우리가 보관하고 있는 서류만으로도 충분했다.

그런데 문제가 생겼다. 이전에 기초생활수급자로 보호를 받았던 사람이라도 보호가 중지되었다가 다시 신청을 하게 되면, 장애판정을 다시 받아야만 했다. 상당한 비용이 들어가는 장애판정을 받아야 한다는 안내에 그의 난동이 시작된 것이었다. 아직은 수급자 보호가 확정된 것이 아니었으므로 긴급지원, 지역후원 등의 다양한 방법으로 그가 다시금 장애판정을 받을 수 있도록 지원을 했다. 하지만 또 다른 문제가 발생했다. 그는 그동안 지체 2급 장애인으로 보호받아 왔는데, 이번 국민연금공단의 장애판정심사에서 '등급외 판정'이 나왔다.

당시에는 기초생활수급자가 1~2급의 중증장애인인 경우 매월 17만 원의 장애수당이 지급되었으며, 3~6급까지는 월 3만 원의 장애수당이 지급되었다. 그런데 갑자기 2급 중증장애인이던 그가 등급외 판정을 받았기 때문에 매월 17만 원씩 받던 장애수당을 한 푼도 받을 수 없게 된 것이다. 장애판정 결과에 당황한 우리도 국민연금공단 담당자와 수차례 전화를 했고, 두 번이나 장애판정 이의신청서를 제출했다. 나중에는 제발 장애 6급이라도 판정을 해달라고 애걸을 했지만 소용이 없었다.

그리고 그때부터 우리 동 주민센터는 지옥이 되었다. 그는 매일 아침 9시면 어김없이 술에 취한 채로 동 주민센터에 와서 소란을 피웠다. 오전 내내 욕설과 협박을 하다가 점심시간이 되면 나갔다. 그리고 다시 점심시간이 끝난 1시쯤 다시 와서는 퇴근 무렵까지 민원실과 동장실을 오가며 난동을 부렸다. 우리 동 주민센터는 매일매일이 아수라장이었다.

아침에 출근하기가 싫었고, 사회복지공무원을 그만두고 싶었다. 사회에서 소외된 사람들의 진정한 편이 되고 싶어서 선택한 직업이었다. 내가 조금만 더 일하고 노력하면 훨씬 더 좋아지고 편안해지는 사람들을 보면서 내가 행복해졌는데, 이제는 내가 불행해졌다.

매일 아침 출근할 때 동 주민센터에 도착할 때쯤 되면 심장이 두근거리기 시작했다. 오늘은 또 얼마나 소란과 욕설을 겪어야 할까? 그렇게 두 달쯤 지나서, 나는 두근거리는 심장과 심리적 무력감을 치료하기 위해서 병원에 갔다. 하지만 전문의사의 상담과 신경안정제도 나의 불안한 심장과 무력감을 치료하진 못했다.

동 주민센터 전체가 심한 어려움을 겪는 것을 보고 동네 어른들이 나섰다. 주민자치위원장님과 단체장들이 모두 모인 자리에 그를 불렀다. 어른들이 야단도 치고, 얼마간의 후원금을 전달했다. 하지만 아무 것도 소용없었다. 그는 그 다음 날도 똑같이 아침 일찍 술에 취해서 동 주민센터에 왔다.

"사회복지 너! 내가 너 성폭행하고 난 감옥에 가면 돼, 난 잃을 게 없는 사람이야."

나는 울면서 구청 인사담당자를 찾아갔다. 그리고 다른 동 주민센터로 보내달라고 요청했고, 이곳에는 남자 사회복지공무원을 발령 내달라고 했다. 그러고 나서 나는 2주일 후에 다른 동 주민센터로 발령이 났고, 그곳에는 몸집이 건장한 남자 사회복지공무원이 발령이 났다.

지금도 가끔 들려오는 그에 대한 이야기를 듣는다. 내가 떠난 후, 후임으로 온 남자공무원과 몸싸움을 벌이기도 했지만, 그 후로 많이 좋아졌단다. 동네 어른들이 손수레를 사주고, 시장에 있는 과일 가게 몇 곳과 연결해서 폐박스를 모을 수 있게 도와주었단다. 그리고 다시 몇 달이 지난 후에는 손수레를 부숴버리고, 다시 동 주민센터에 와서 난동을 부린다고 했다. 조금 나아졌다가 다시 재발하는 그들의 폭력성을 온전히 받아내야만 하는 것이 진정한 사회복지공무원의 역할일까?

우리는 작년에 몇 번의 슬픔을 겪어야 했다. 희망을 가지고 시작한 사회복지공무원 업무를 견디지 못해서, 목숨을 버린 후배들의 이야기를 접하며 참으로 가슴이 아팠다. 후배들에게 전하지 못했던 말을 지금이라도 하고 싶다. 세상살이에 정말 힘들어지면 내가 먼저 도움을 요청하는 손을 내밀어야 한다. 그러면 대부분의 사람들이 따뜻한 마음으로 우리들의 손을 잡아줄 것이다.

그건 정말 분명하다!

TIP

장애등록제도에 대해서 알아볼까요?

장애인이란 몸이나 마음에 장애나 결함이 있어 일상생활에 제약을 받는 사람을 의미합니다. 이러한 장애인에게 복지서비스를 제공하기 위하여 사회복지공무원은 장애인 등록업무를 수행하는 것이지요. 등록절차를 간단하게 설명해드릴게요.

처음 읍면동에 본인이나 보호자가 필요한 서류를 구비하여 신청할 수 있으며, 담당공무원이 직권으로도 신청할 수 있습니다. 신청 즉시 담당공무원은 곧바로 행복e음에 등록을 하며, 국민연금공단에서 서류심사 후 장애등급을 결정해서 통보합니다. 행복e음에서 등급결정을 확인한 담당공무원은 신청자에게 통보하고 장애등록카드를 교부하게 됩니다. 심사처리기간은 21일이며, 장애종류는 15종이 있습니다. 장애종류에 따른 유혈병 장애등급심사에 필요한 구비서류가 많이 다르기 때문에 국민연금공단에서 발행한 '장애등급심사 구비서류 안내문'을 확인하여야 합니다.

기초생활수급자나 차상위대상자인 경우에는 장애진단서 발급비용 지원제도가 있으니, 현장에서 활용하기 바랍니다. 또한 장애유형별 재판정은 최초판정일로부터 2년 후에 1회 재판정하는 경우가 많지만, 장애유형별로 다른 경우가 많기 때문에 반드시 확인해야 합니다.

기자도, 방송국 PD도 공무원 편이 될 수 있어요

구청 마당으로 KBS방송국 차가 들어서고 있었다. 당시 크게 인기를 끌던 드라마 여주인공 사진이 크게 붙어 있는 방송국 차량이었다. 그날도 아침부터 여러 가지 민원에 시달리다가 잠시 쉬느라 사무실 창문을 통해 바깥을 바라보는 중이었다. 갑자기 공보실 직원이 사회복지과 사무실로 급하게 들어오며 방송국에서 고질민원 때문에 취재를 나왔는데 취재거부를 하라고 내게 말했다.

"아무 잘못한 것이 없는데 내가 왜 취재거부를 해요?"

방송국에서 무슨 일로 취재를 나왔는지도 모르고, 나는 길거리에서조차 방송국 마이크에 대고 이야기해 본 적은 없지만, '취재거부'란 단어는 내게 '옳지 못함'이라는 단어를 연상시켰기 때문에 단호하게 그렇게 하지 않겠다고 말했다. 방송국 PD는 나와 계장님에게 인터뷰를 요청했고, 우리는 함께 탁자에 앉았다. 사진기자는 계속해서 카메라를 돌리고 있었다.

어린이집 업무는 복지업무 중에서도 3D업종에 속한다. 어린이집 원장, 보육교사, 보호자들이 민원을 제기하고, 담당 공무원들은 중재와 조정의 역할을 한다. 또한 담당 공무원은 영유아보육법과 보건복지부 지침을 적용해서 민원을 해결하고 처리를 해야만 한다. 어린이집에서 일어나는 작은 사고조차도 담당 공무원은 관리 소홀의 부담을 안아야 했다.

이 사건도 그랬다. 영유아보육법과 지침을 가지고 어린이집에 대한 지도점검을 실시하지만, 당시만 해도 담당 공무원 한 명이 담당해야 하는 어린이집이 백 곳이 넘었다. 매월 어린이집에 지급해야 할 예산과목만도 수십 가지가 되었다. 게다가 어린이집에서 아이들에게 제공하는 급식과 위생, 안전사고까지 신경을 써야 하는 것이 담당 공무원의 책임이었다. 이번 사건은 어린이집에서 아이들에게 받지 않아야 할 간식비나 잡부금을 수납해서 생긴 민원이었다. 그동안 이 민원 때문에 수차례 어린이집 원장과 민원인을 만나서 조정역할을 했다. 이미 해당 어린이집에는 '행정처분'을 내린 상태였는데, 아마도 어린이집 원장과 민원인과 또 다른 갈등이 생긴 것 같았다.

나는 그동안의 과정을 상세하게 방송국 PD에게 설명을 했다. 현장에서 느끼는 영유아보육법의 문제점과 몇몇 어린이집 원장들의 탐욕에 대해서도 이야기했다. 보호자들의 과민반응으로 인해 저임금의 보육교사들이 감당해야 하는 어려움도 포함해서 현장에서 일어나는 여러 가지 문제점을 이야기했다. 그리고 그동안 이 민원을 처리하기 위해 최선을 다해서 진행한 행정 처리과정에 대해서도 상세하게 설명을 했다. 방송국 PD는 내 설명을 들으며 계속해서 고개를 끄덕여 주었는데, 그것은 내게 조금씩 힘을 보태주었다. 그렇게 인터뷰를 끝내고 돌아가던 PD는 내게 명함을 주며 말했다. 혹시 이 방송으로 인해 힘든 일이 생기면 본인에게 연락을 해달라고 했다. 본인도 최선을 다해서 도와주겠다고 했다. 물론 다시 연락할 일은 생기지 않았다.

그날 저녁, KBS 9시 뉴스에 민원이 발생한 어린이집 모습과 민원인의 항의내용, 그리고 담당 공무원인 내가 사건경위 내용을 설명하는 모습이 방송되었다. 뉴스가 끝나기도 전에 오래전 퇴직하신 동장님에게 전화가 왔다. 아직도 '이 여사'라고 나를 호칭하는 동장님이 이 여사가 TV에 예쁘게 나왔다며, 가족들 안부까지 묻는 전화를 하셨다. 그리고 몇 번의 전화가 더 울렸다. 오래된 중학동창, 중국에 사는 대학동창까지 전화를 해서 TV에서 나를 보았다고 했다.

물론 그날의 TV 출연은 자랑스러운 일은 절대 아니다. 심각한 민원 발생 때문이었지만 나는 내 얼굴이 모자이크 처리가 되지 않고 음성변조가 되지 않은 것에 만족한다. 나는 부끄럽지 않고 당당하게 그동안 민원을 상대하고 진행해 왔으며, 어떤 것에도 굴복하지 않으려 노력했다. 일반적으로 민원발생으로 인한 지방언론의 보도는 구청장님까지 보고를 해야 하며, 중앙언론에 보도되면 시장님에까지 바로 보고가 되어야 하고, 필요한 경우에는 감사실의 특별감사까지 받아야 한다.

하지만 그날의 KBS 9시 뉴스에 보도가 된 민원은 장기간 끌었던 고질민원이었지만, 담당 공무원의 행정 처리과정에는 '문제없음'을 인정받게 되었다. 덕분에 그날의 그 사건은 구청장님이 간부회의 때 시장님한테 간단하게 구두로 보고하는 것으로 종료되었다.

아하! 공무원 생활하기 참 힘들다.

금융감독원과 은행도 우리 후원자가 되었습니다

가끔 민원실에서 들려오는 고함소리를 들어보면 내가 예전에 고위 공무원이었다고 호통을 치는 민원인들이 있는데, 그럴 때 우리는 '전직 공무원이 제일 무섭다'고 말하곤 한다. 그런데 고질민원 처리 담당 공무원인 내가 은행에 진정민원을 내기 위해 야근을 했다. 인터넷으로 올린 민원내용은 대강 이렇다.

존경하는 은행장님께

엄마와 함께 살던 초등학교 5학년과 고등학교 2학년 형제가 고아가 되었습니다. 아이들의 엄마는 2년간 혈액암을 앓았고 1년 전에 사망했습니다. 죽은 엄마는 부천에 작은 연립을 가지고 있었고 몇 년 전에 은행에서 5천만 원을 대출받았습니다. 엄마 사망 후 부천시에서는 곧바로 아이들을 기초생활수급자로 보호했습니다. 수급자 생계비에서 대출이자는 매월 자동으로 이체되었고, 부모가 없었지만 친인척과 주위사람들의 도움으로 형제는 엄마와 함께 살던 집에서 계속해서 살 수 있었습니다. 그런데 대출기한이 만기가 되었고, 채무자인 엄마가 사망했기 때문에 이자를 밀리지 않고 내더라도 대출연기는 되지 않는다고 합니다. 이미 대출기한이 지나서 아이들이 살고 있는 연립주택은 경매가 진행되고 있습니다. 하지만 아이들은 아무런 경제활동을 할 수 없는 미성년자입니다. 그래서 지금 살고 있는 집은 매매를 할 수도 없으며, 전세를 놓고 작은 방으로 이사를 가려고 해도 집주인이 사망한 상태의 주택은 전세가 나가지 않습니다.

은행장님, 큰아이가 만 19세가 되어서 지금 살고 있는 집을 전세를 놓거나 매매를 해서 대출금을 갚을 수 있을 때까지만 대출 자동연기를 부탁드립니다. 만일 그냥 경매가 진행된다면, 아이들은 그동안의 연체이자와 원금, 경매진행비용을 빼고 나면, 월세보증금조차 남지 않게 될 것이고, 갈 곳이 없는 아이들은 시설로 보내지게 될 것입니다. 부디 아이들의 어려운 형편을 보살펴 주시길 간절히 부탁드립니다.

사회복지 담당 공무원인 나는 대략 이런 내용의 편지글을 작성했고, 고등학교 2학년인 영석이에게도 간절한 마음으로 편지를 쓰라고 했다. 하지만 은행장님은 편지를 읽어보지 않은 것이 분명했다. 은행 담당자가 우리에게 '불가' 통보를 보낸 것을 보면 말이다.

나는 다시 새로운 방법을 찾았다. 우리에게 민원을 내는 사람들도 시청에 민원을 내서 안 되면, 도청으로 하고, 보건복지부로 민원을 낸다. 또 한 가지는 인맥을 동원하는 방법이다. 은행에 근무하는 남동생에게 그동안의 내용을 이야기하고 은행의 상급기관은 어디인지 물었더니 '금융감독원'이란다. 나는 이전에 쓴 편지를 약간 고쳐서 다시 금융감독원 홈페이지에 올렸고, 바로 다음 날 금융감독원 담당 계장님에게 전화가 왔다. 그리고 이틀 후 우리는 영석이네 집에서 금융감독원 계장님과 은행 과장님을 만날 수 있었다. 그리고 며칠 후 우리는 은행에서 다음과 같은 내용을 통보받았다.

'대출 자동연기 승낙, 그동안의 연체이자 및 경매진행비용 900만 원 삭감, 영석이가 성년이 되는 1년 6개월 동안 대출이자를 면제하고, 대학에 입학하게 되면 첫 학기 대학등록금은 은행에서 장학금을 지급한다.'

세상에 이런 일이 있을 수도 있었다!

은행 담당자와 통화를 하는데 믿기지 않을 만큼 기뻤다. 작은 노력이 이렇게 큰 결과를 가져올 수도 있다니! 나는 곧바로 구청장님에게 그동안의 내용을 보고했고 구청장님 감사서한문도 보냈다. 그리고 또 다시 야근을 하며 감사편지를 작성해서 은행과 금융감독원 홈페이지에 올렸다. 감사편지는 빠를수록 좋은 것이니까!

이제 아이들은 많이 컸다. 은행과 약속한 1년 반이 지났고 영석이는 이제 만 19세가 지나서 성년이 되었다. 아이들이 살던 집은 8천만 원 전세를 놓아서 이자가 면제된 5천만 원의 대출금을 갚았고, 3천만 원으로 형제가 살 수 있는 집을 구했다. 처음엔 2층에 있는 방으로 이사를 갔는데 형제 둘이서 하도 시끄럽게 구르며 논다고 아랫집 아줌마한테 쫓겨나게 되었다. 하는 수 없이 다른 곳으로 이사를 해서 지금은 이웃집 어른들에게 야단도 맞지 않고 잘 지내고 있다. 처음에는 동생을 돌보는 일이 서툴던 영석이도 이제는 제법 의젓하게 중학생이 된 동생을 잘 보살피며 지낸다.

부모님의 돌봄이 없는 이들 형제가 앞으로 살아가는 일이 그리 평탄하지만은 않겠지만 그래도 잘 살아나갈 것이라 믿는다.

영석이 형제의 가장 큰 후원자는 부천시 공무원 한 분인데(본인이 이름 밝히는 것을 꺼려해서 이름을 알릴 수 없음이 안타깝다) 아들과 한 반이었던 인연으로 영석이 형제에 큰 돌봄을 베풀었다. 갑자기 엄마를 잃고 헤매던 형제들이 학교에 제대로 다닐 수 있도록 보살펴 주고, 아이들만 사는 집의 문고리를 고치고 형광등을 바꿔주느라 남편을 동원하기도 했다. 게다가 형제가 이사 갈 집을 구하느라 이리저리 분주하게 뛰어다니는 모습은 참으로 아름다운 모습이었다.

Chapter 6

수렁에서 건진 그녀

천사가 된 그녀

“이제는 미순 씨를 혼자서만 지내게 할 수 없어요. 또다시 언제 무슨 일이 일어날지 알 수 없기 때문에 엄마와 같이 살면서 치료를 받도록 할 수밖에 없습니다.”

미순 씨 엄마는 계속해서 고개를 흔든다. 만나기만 하면 싸우기 때문에 도저히 본인의 딸인 미순이와 같이 살 수가 없다고 했다. 그동안 미순 씨 엄마는 아들과 함께 서울에서 살고 있었고, 미순 씨는 부천에서 혼자 살았다. 하지만 이제는 미순 씨가 살던 방의 월세 보증금도 모두 바닥나 버렸기 때문에 들어가서 살 수도 없었다. 그동안 정신병원에 1년 넘게 입원을 했지만 그녀의 증상은 전혀 나아지지 않았다. 이번에도 그랬다. 6개월 만에 1박 2일의 외출을 받고 나와서 미순 씨는 또다시 가스를 불었다. 이번에는 담뱃불까지 붙이는 바람에 눈썹과 앞머리가 그슬리고 이마도 화상으로 벌겋게 되었다. 그런 그녀를 또다시 병원에 입원시키는 것이 도대체 무슨 효과가 있을까 싶어서 그녀의 엄마와 상담을 시작했다.

미순 씨는 어릴 때부터 사랑을 받지 못하고 자랐다. 그녀의 아버지는 술만 마시고 들어오면 아이들을 때렸다. 살림도 부수고 마누라도 때렸다. 몇십 년을 그렇게 살다가 십 년 전 남편이 죽었다. 미순 씨는 어릴 때부터 조금 어눌한 편이었는데 마음씨는 착했다. 마음이 약해서 친구들과 싸우지도 못했고 본인이 가진 것은 대부분 친구들에게 빼앗겼다. 그래서 아버지에게 더 많이 매를 맞은 것 같았다.

미순 씨는 중학교를 졸업하고는 얼마간 집에서 놀다가 공장에 다녔다. 본인이 돈을 벌기 시작하더니 어느 날 집을 나가서 혼자 살겠다고 했다. 미순 씨는 명절 때가 되면 엄마 집에 왔지만 어려운 살림에 해줄 것도 없고, 서먹하게 지내다 돌아갈 때는 엄마와 꼭 싸우곤 했다. 눈물 바람으로 돌아서는 딸을 보면 엄마는 마음이 아팠지만 그녀를 위해서 해줄 수 있는 것은 아무 것도 없었다. 엄마에게는 같이 사는 장애인 아들을 돌보는 일만으로도 너무나 벅찬 일이었기 때문이었다.

미순 씨는 공장에 다니며 돈을 벌었다. 조금씩 저축을 해서 월세 보증금도 모았고 가구나 주방기구 같은 살림살이도 사들였다. 그러다 같은 공장에 다니는 남자를 사랑하게 되었고, 그녀는 남자와 함께 그녀의 집에서 같이 살게 되었다. 어차피 둘이 월세를 따로 내는 것보다는 함께 살면서 생활비도 절약하면 된다고 생각했다. 그런데 그녀가 임신을 했다는 기쁜 소식을 들은 남자는 아무 말 없이 집을 나가버렸다. 그리고 연락이 되지 않았다. 그녀는 슬펐지만 혼자서는 어찌할 수 없어서 낙태를 했다. 그리고 그녀는 다시 공장에 다녔다. 그와 비슷한 일을 두 번이나 더 경험한 후에 그녀는 공장을 그만두었다. 그리고 전직을 했다. 노래방 도우미란 직업으로.

그렇게 몇 년이 흘렀고, 그녀는 네 번의 낙태를 더 해야만 했다. 그녀는 또다시 사랑하는 남자를 노래방에서 만났고 동거를 시작했다. 그녀에게 마지막 남자가 된 그 남자는 그녀에게 부탄가스를 흡입하는 것을 가르쳐 주었고, 이것이 그녀의 슬픔이 훨씬 깊어지게 된 이유였다. 얼마 후 남자는 또다시 떠났고 그녀는 수시로 혼자서 부탄가스를 흡입했으며, 위험을 감지한 주민 신고에 의해서 우리와 만나게 되었다.

화재폭발의 위험으로 신고가 들어와 119 구급대원들과 함께 그녀의 집을 찾아갔다. 반지하의 방문을 열자 매캐한 냄새가 코를 찔렀고 그녀는 팬티만 걸친 채로 담배와 라이터를 들고 있었다. 손수건으로 코를 막고 들어가서 우선 그녀의 손에서 담배와 라이터를 빼앗고, 급한 대로 옷을 입을 수 있도록 도왔다. 그리고 그녀를 치료하기 위해 정신병원에 입원을 시켰다.

그렇게 그녀와의 인연이 시작되었다. 병원에 입원해서 치료를 받는 동안 그녀는 많이 좋아진 것 같았다. 담배를 피우고 싶어 해서 약간의 돈을 넣어주기도 했는데, 마음이 여린 그녀는 같은 병동의 사람들에게 담배를 쉽게 나누어 주어서 금방 떨어지곤 했다. 그녀의 고질적인 가스 흡입 중독을 해결하기 위해 우리는 다양한 방법을 동원했다. 가스흡입은 분명한 위법행위였기 때문에 경찰에 신고를 했고, 이것을 그녀의 중독행위를 고치는 한 가지 방법으로 사용했다.

'또다시 가스를 불면 감옥에 간다. 감옥은 정말 무서운 곳이다.'

하지만 이 방법은 별로 효과가 없었다. 오히려 그녀가 수감이 된다면, 감옥에서 더욱 나쁜 행동들을 배워가지고 나올 위험이 더 컸기 때문에 그녀가 감옥에 가지 않고 우리가 계속적인 상담치료를 진행하는 것으로 검찰에 협조를 요청했다. 병원에서 퇴원한 날, 그녀는 나와 새끼손가락을 걸며 약속을 했다. 다시는 가스를 불지 않겠다고. 하지만 그 다음 날 가정방문을 했을 때 그녀는 이미 몽롱한 상태에서 동공이

흐려져 있었다.

우리는 다시 그녀를 보호할 방안을 찾았다. 혼자 있을 때면 부탄가스의 유혹을 이겨내지 못하는 그녀가 다른 사람들과 같이 지낼 수 있는 방법을 찾아야 했다. 사례관리사와 함께 제주도를 제외한 전국의 모든 시설명단을 놓고 그녀가 갈 수 있을 만한 시설을 찾았다. 하지만 그녀를 받아주겠다고 흔쾌히 말하는 곳은 하나도 없었다. 충청남도의 딱 한 군데 시설에서 면담을 하고 나서 그녀의 시설입소를 결정하겠다고 했다. 입소가 결정되면 우선 급한 대로 생활할 수 있도록 그녀의 옷가지와 기본적인 도구들을 챙겨서 아침 일찍 출발을 했다. 하지만 떨어졌다. 그녀를 만나서 면담을 한 상담선생님은 그녀를 시설에 입소시킬 수 없다고 했다. 차를 돌려 다시 부천으로 돌아오는 길은 갈 때보다 훨씬 길고 지루했다.

다시 그녀의 입원과 퇴원은 반복되었지만 별다른 방법이 없었다. 이번에도 6개월 장기입원 후에 주어지는 오랜만의 휴가를 나오자마자 다시 가스를 흡입한 것이다. 병원의 역할은 치료가 아니라 감금상태의 유지일 뿐이라는 생각이 들었다. 통합사례관리사들과 수차례 회의를 해서 내린 결론은 그녀를 원가족과 함께 살도록 한다는 것이었다.

그녀의 엄마는 서울에서 공공근로를 하면서 장애인 아들과 어렵게 생활하고 있었다. 우리는 미순 씨를 포함한 세 명의 가족을 기초생활수급자로 보호하면서, 치료와 사례관리를 병행할 수 있는 최선의 방안을 찾았다. 그런 후에 엄마가 살고 있는 동 주민센터 사회복지담당에게 협조를 요청했다. 지금 그녀의 엄마를 설득하는 중이었고, 처음에는 고개를 가로젓던 그녀의 엄마도 조금씩 고개를 끄덕이며 눈물을 흘리고 있었다. 좀 더 좋은 병원에서 치료를 받고 엄마와 동생의 관심이 그녀의 치료에 긍정적으로 작용할 수 있기를 간절히 바라는 마음과 함께 그녀를 떠나보냈다.

"미순이가 어제 퇴원하고 또 가스를 불다가 죽었어요."

그녀가 떠난 후 간간히 그녀의 엄마와 통화를 하며 그녀의 소식을 들었다. 대학병원에 입원해서 치료를 받고 있다는 이야기, 수급자 생계비가 나와서 조금은 편해졌다는 이야기, 아직도 자주 딸과 싸운다는 이야기까지. 그런데 그런 그녀가 죽었단다. 몇 달간 대학병원에 입원했다가 하루 외출을 나왔고, 이번에도 또다시 그녀는 가스를 샀다. 본래 가스흡입을 할 때는 부탄가스를 비닐봉지에 모아서 흡입을 하는데 이번에는 가스통을 따서 그냥 호흡기에 들이댔다고 한다.

미순 씨 엄마는 그녀가 하늘나라에 가기 전 마지막으로 그녀의 소중한 몸을 필요한 사람들에게 나누어 주었다. 앞이 보이지 않는 사람에게 빛을 주었고, 투석을 하는 사람에게는 신장을 나누어 주었다. 그렇게 그녀는 우리 곁을 떠났다.

그녀를 치료할 수 있는 방법은 무엇이었을까를 생각해 본다.

아마도 그녀를 오로지 조건 없이 사랑해 주는 사람만 있었다면 아기처럼 착했던 그녀는 '살아 있는 천사'로 지금 우리 곁에 있었을 텐데…

잘 들어주기만 해도 됩니다

"시민연합 회원 중에 갑자기 어려운 일이 생겼는데, 공무원 도움이 필요해요."

시민연합 백 대표님으로부터 전화를 받았다. 백 대표님은 그동안 지역사회를 위해서 아무런 보수 없이 일해오신 선량한 분이다. 내가 할 수 있는 일이면 물론 돕겠다고 얼른 대답을 했다. 그래서 나는 아주 불편하고 힘든 일에 개입하게 되었다.

18개월 된 아롱이가 어린이집에 갔다. 아롱이 엄마는 그날따라 왠지 아롱이를 어린이집에 보내고 싶지 않은 마음이 들었지만 공연히 친정엄마를 힘들게 하는 것 같아서 그냥 보냈다. 그리고 아롱이 엄마는 그날 오후 1시 30분에 어린이집에서 아롱이가 숨을 멈추었다는 소식을 들었다.

평소처럼 아침에 어린이집에 간 아롱이는 유난히 칭얼거렸단다. 10시 30분에 제공되는 오전 간식도 먹지 않고 보채는 바람에 담임선생님이 아롱이를 업고 재웠다. 그런데 아롱이는 중간에 한 번도 깨지 않았고 계속 잠을 잤다. 담임선생님은 점심시간이 한참 지난 오후 1시 20분경 아롱이가 너무 오래 잠을 자는 것 같아 깨웠지만 아이는 숨을 쉬지 않았다. 너무 놀란 선생님들은 119 구급대에 연락을 해서 병원 응급실로 갔다. 나머지 구체적인 내용들은 어린이집 원장, 담임교사와 아롱이 가족들과의 의견 차이가 있으므로 이 자리에서 기록하지 않고자 한다.

이때부터 담당 공무원의 어려움은 시작된다. 갑작스럽게 자식을 잃은 부모가 담당 공무원에게는 '민원인'으로 다가오게 된다. 아마도 담당공무원들은 갑작스러운 슬픔을 당한 아롱이 가족들을 위해서 여러 가지 노력을 했을 것이 분명하다. 백 대표님과 통화하고 나서 아롱이 엄마를 처음 만났을 때 아롱이네 가족들은 이미 부시장님과 몇 번의 만남도 있었고, 담당부서에서 영아돌연사에 대한 다양한 조사가 이루어져 있었던 것을 보면 말이다. 하지만 그 무엇으로도 갑작스레 자식을 잃은 부모의 마음을 충분히 위로한다는 것은 결코 쉽지 않은 일임이 분명하다.

어린이집 원장과 담당교사, 피해자 가족들, 경찰 조사 사이에서 담당 공무원들은 매우 힘이 들었을 테지만, 내가 아롱이 엄마를 처음 만났을 때 공무원에 대한 가족들의 분노는 설명하기 힘들 만큼 컸다. 병원에 입원한 아롱이 엄마는 앉아 있는 것조차 불안해 보였고, 이야기하는 동안 계속 눈물을 흘리며 가슴을 쓸어내렸다. 아롱이 엄마는 그날 일어났던 아주 작고 소소한 내용까지 이야기했다. 어린이집에 가기 전에 재롱을 부리던 모습, 그날 아침 찍었던 사진을 보여주며 울었다.

스트레스를 받지 않고 사는 사람은 없다. 아무리 인격적으로 성숙한 사람이라도 참기 어려울 만큼의 분노를 느끼는 것은 마찬가지일 것이다. 다만, 분노를 표출하고 해결하는 방법에 따라 그 사람의 성숙도를 이야기할 수 있을 뿐이다. 하지만 갑작스레 자식을 잃은 부모의 분노감 표출에 대해 인격의 높고 낮음을 이야기할 수는 없을 것이다.

어떤 방법으로도 아롱이 엄마와 가족들을 위로할 수 있을 것 같지 않았다. 경찰들이 사건조사를 하는 것도 아롱이네 가족들이 보기에는 건성으로 하는 듯이 보였다. 아롱이 엄마가 그동안 일어났던 어린이집 원장과 교사에 대한 서운함, 담당 공무원과 경찰에 대한 불만을 이야기하는 동안 나는 가만히 아롱이 엄마의 손을 잡고 있었다. 그리고 아롱이 엄마의 슬픔을 함께 느꼈다.

만일 내가 이런 일을 당했다면 나는 어떤 모습으로 사람들을 대할 수 있을까를 생각해 보았다. 그러고 나니 내 맘이 훨씬 편해졌고 아롱이 엄마 이야기에 무조건 고개를 끄덕일 수 있었다.

대부분 피해자 가족들은 격렬한 분노와 공격성을 내보이고, 이것을 받아야 하는 가해자의 스트레스 또한 매우 클 수밖에 없다. 이 사이에서 조정과 합의, 책임의 역할을 가진 공무원이 받는 스트레스도 가중될 수밖에 없다. 하지만 이와 같은 사건에서 공무원은 약자의 편에 서서 일을 처리해 나가야 한다. 법과 지침도 중요하지만 갑자기 자식을 잃은 부모만큼의 약자는 없을 테니 말이다.

나는 아롱이 엄마와 가족들이 할 수 있는 다양한 민원제기 방법에 대해서 안내를 했고, 경찰조사의 소홀함은 지역구 국회의원에게 부탁을 하도록 했다. 한 번의 만남으로 나는 아롱이네 가족들과 친해졌다. '공무원들이 다 그렇지 뭐'라고 이야기하던 아롱이 친할아버지도 내게 고맙다며 인사를 했다. 이후 의논할 일이 있을 때마다 아롱이 엄마는 내게 전화를 하거나 카톡을 보낸다. 그러면 나는 늦은 밤이어도 꼭 답장을 한다.

얼마 후 나는 아롱이 엄마를 많이 위로해 주고 도와주어서 고맙다는 부시장님의 전화를 받았다. 공무원들은 본인의 업무가 아닌 다른 사람의 업무에 개입하는 것을 매우 꺼린다. 물론 나도 처음에는 주위 동료직원들에게 미움을 받을 수도 있다는 걱정에 많이 망설였다. 하지만 병원에 입원한 아롱이 엄마를 직접 찾아가서 만난 후에 용기를 냈다. 담당팀장에게 전화를 해서 아롱이네 가족을 돕겠다고 정확하게 이야기했다. '정직함'은 세상살이에 가장 큰 용기임을 알고 있으므로.

몇 달 후 아롱이 엄마는 대한민국의 모든 어린이집에 CCTV 설치를 위한 법 제정을 요청하는 기자회견을 부천시청에서 했다. 기자회견이 끝나고 우리 사무실에 들른 아롱이 엄마의 모습은 처음 병원에서 만났을 때보다는 훨씬 편안한 모습으로 변해 있었다. 눈에 넣어도 아프지 않을 만큼 사랑스러운 18개월짜리 딸을 '영아돌연사'라는 명칭으로 갑자기 떠나보냈지만, 앞으로는 아롱이처럼 왜 그런 사고를 당해야 했는지, 아무런 이유도 없고 원인도 모르는 그런 불행한 일이 일어나지 않게 하겠다는 단단한 엄마의 얼굴이었다.

요즘 어린이집 교사의 폭행사건으로 나라 전체가 떠들썩하다. 거대한 체구의 교사는 밥을 남긴 아이의 얼굴에 주먹을 날렸고, 아이는 한방에 나가떨어졌다. 다른 아이들은 모두 무릎을 꿇고 앉아서 두려움에 떨고 있었다. 점심식사를 하러 식당에 갔다가 TV에서 그 장면을 보았는데, 나는 당장이라도 TV 안으로 뛰어들어가 교사를 마구 때려주고 싶었다. 이제야 정부에서는 모든 어린이집에 CCTV 설치를 의무화한다고 한다. 그 기사를 보다가 나는 갑자기 아롱이 엄마가 생각나서 카톡을 보냈다.

'그냥 보고 싶다'고…

가족이 필요했어요

8월의 찌는 더위에 모두가 지쳐가고 있었다. 시청 사무실의 온도계는 정확하게 28도를 지켰기 때문에 우리는 부채질을 하면서 일을 하고 있었다. 그런데 부천성모병원 사회사업실에서 온 전화 한 통화에 갑자기 정신이 번쩍 들었다.

"어제 낮 12시쯤 길에서 아이를 출산한 산모인데요. 병원에서 당장 급한 조치는 취했지만 가족들이 아무도 없는 것 같아요."

어제 정오경 부천역 근처의 버스정류장에서 30대 중반의 여자가 출산을 했다. 길 가던 행인이 이것을 보고 놀라서 119에 전화를 했고 여자는 급히 병원으로 옮겨졌다. 아기와 함께 병원으로 옮겨진 여자는 응급치료를 받았지만, 아기는 태변흡입증후군으로 중환자실에서 결국 사망했다. 출산 당시 아기는 태변흡입증후군 외에도 이미 매독에 감염되어 있었다. 의사들은 아기를 살리기 위해서 여러 가지 노력을 했지만 결국 아기는 살아나지 못했다. 여자에게 연락할 가족이 있는지 물으니 아무 말 없이 고개만 가로저을 뿐이었다. 병원 사회사업실에서도 여럿이 모여 의논을 했지만 해결할 방법이 없어 시청 무한돌봄센터로 전화를 하게 되었다고 했다.

태어나자마자 세상과 제대로 눈 한번 마주치지 못하고 사망한 아기를 생각하면 마음이 아팠다. 하지만 이미 매독에 감염된 상태의 아기가 살아 있더라도 앞으로 겪어야 할 고통을 생각하면서 또 다른 아픔으로 가슴을 쓸어내렸다. 여자는 극심한 산후우울증 상태라고 했다. 지체할 겨를이 없었고, 나는 사례관리사와 함께 급히 여자를 만나기 위해 병원으로 갔다.

병원에서 만난 여자는 넋이 나간 듯했고, 무언가를 물어보면 말없이 눈물만 흘렸다. 이럴 때 우리가 할 수 있는 일은 별로 없었다. 그냥 가만히 여자의 옆에 앉아서 등을 쓰다듬어 줄 수 있을 뿐이었다. 조금씩 눈물이 잦아들면서 여자는 작은 소리로 아기가 불쌍하다고 말했다. 그리고 조금씩 그동안의 이야기를 여자와 시작하게 되었다.

여자는 오래전부터 혼자 살았다. 그렇지만 여자도 어린 시절에는 가족과 함께 행복했던 시절이 있었다고 했다. 작은 사업을 하던 아버지가 사기를 당한 뒤 살던 집마저 쫓겨나게 되었고, 아버지는 집을 나가버렸다. 엄마는 자식들과 함께 살아가기 위해 닥치는 대로 일을 했지만, 고생만 하던 엄마는 여러 가지 병과 울화가 겹친 탓에 십여 년 전 돌아가셨다. 고생하는 엄마를 돕느라 오빠는 고등학교도 진학하지 못했다. 막내라도 고등학교에 진학시키겠다고 고생하던 엄마가 세상을 떠나면서 여자에게 유일한 가족인 오빠와도 헤어지게 되었다.

이 세상에서 여자는 오롯이 혼자였다. 몸이 아파도 연락을 할 수 있는 가족이 없었으며, 힘들 때 도움을 청할 친구도 없었다. 늘 혼자이던 여자에게 다정하게 다가와 준 남자가 가족이 되어줄 거라 생각했지만, 하룻밤으로 끝이었다. 여러 번 그런 일이 되풀이되었고 여자는 점점 더 힘이 떨어졌다. 하지만 여자는 당장 먹고 살아야 했고, 식당에 나가서 주방보조도 하고 가게에서 심부름을 하는 일도 했었다. 그러다 몸이 이상해지는 것을 느꼈지만 여자는 어떻게 해야 할지 알지 못했다. 점점 배가 불러와 더 이상 일을 할 수 없게 되었다. 가진 돈이 다 떨어졌을 때쯤에는 역 주변 찜질방에서 잠을 잤다. 그리고 모든 돈이 다 떨어지고 나서는 역 근처에서 노숙을 했다. 여자 혼자서 출산을 앞두고 두려움과 막막함에 힘들었을 것을 생각하니 마음이 아팠다.

여자의 주민등록 주소지를 확인하니 주민등록 말소상태였다. 주민등록말소자는 최종 주소지의 동 주민센터에 주소지가 등록되기 때문에 별다른 인적관계를 확인할 수 없었다. 우리는 어렵사리 오빠의 연락처를 확인할 수 있었고, 몇 번의 전화통화 시도 후에 통화가 되었지만, 오빠는 동생을 만나고 싶지 않다고 했다. 집안이 모두 풍비박산되었지만 돌아가신 엄마는 고생을 하면서도 동생이 고등학교를 졸업할 수 있도록 했다. 오빠는 중학교만 나온 후 공장에 다니며 엄마를 도왔다. 그런데 동생은 고등학교를 졸업하고 돈을 벌기는커녕 엄마를 힘들게만 했다. 엄마가 그렇게 일찍 돌아가신 것은 아버지 탓도 있겠지만, 동생 탓도 크다고 했다. 그래도 세상에 오로지 한 명밖에 없는 동생이 너무 힘든 상황이니 오빠의 도움이 필요하다는 우리의 간곡한 부탁으로 오빠는 부천에 왔다. 하지만 이번에는 여자가 오빠와의 만남을 거부했다. 자신을 버린 오빠에 대한 원망과 함께 자신의 추한 모습을 보이기 싫다는 이유였다.

나와 마주 앉은 오빠는 깊은 한숨만 쉬었다. 오빠도 생산직으로 2교대 근무를 하며 어렵게 생활하는 가난한 가장으로 동생을 챙기지 못한 미안함과 동생의 현재 상황에 대해 말을 잇지 못했다.

병원의 사회사업실과 관할 동 주민센터의 사회복지공무원, 사례관리자가 한자리에 모여 회의를 진행했고 각자 역할도 나누었다. 입원치료비용은 성모병원 사회사업실에서 해결하기로 했고, 관할 동 주민센터에서는 사망한 영아의 장제비용과 여자를 의료보호대상자로 선정해서 의료비 부담을 줄일 수 있도록 했다. 무한돌봄센터에서는 퇴원 후 산후우울증 치료비용 지원과 안전한 거처를 마련하는 데 도움을 주기로 했다. 형편이 어려운 오빠에게는 경제적 부담을 최소화하면서, 사망한 아기의 장제처리와 보호자 역할을 할 수 있도록 부탁했다. 아기 생각이 나서 병원에 있기 싫다며 퇴원을 고집하던 여자를 설득해서, 다른 정신과 병원으로 입원할 수 있도록 했다.

모두의 마음이 전해진 것일까? 여자는 빠른 회복을 보였다. 그러나 오빠에 대한 서운한 마음을 정리하기가 쉽지 않은 듯했다. 몇 번인가 오빠가 병원에 찾아와 간식과 물품을 챙기고 면회신청을 했지만 여자는 만남을 거부했다. 여자에게 조심스레 이유를 물어보니 눈물을 흘리며 대답했다.

"날 버린 사람들이에요. 가족인데, 가족은 그러면 안 되는 거잖아요."

그렇게 힘든 시간 속에서도 여자가 아기를 지키기 위해 왜 그렇게 노력을 했는지 알 수 있을 것 같았다. 하지만 그렇게 마음속 이야기를 하고 난 후 여자는 오빠와 올케언니를 만날 수 있었다. 오빠 가족과 조금씩 관계를 회복하면서 여자는 훨씬 더 빨리 우울상태에서 벗어날 수 있었다.

이제 여자는 퇴원을 준비할 단계가 되었다. 그동안의 삶의 방식에서 벗어나기 위한 대책이 필요했다. 그동안 여자가 살아온 삶의 방식으로 다시 돌아갈 것이 우려되어 우리는 여자가 머물 수 있는 재활시설을 부천이 아닌 곳으로 찾았다. 서울에 있는 한 재활시설에서 입소를 허락받았고 여자는 곧바로 그곳으로 옮길 수 있었다. 단 한 가지 조건이 있었다. 그동안의 우울을 치료하기 위해서 매일 부천에 있는 정신병원에서 치료를 받아야만 한다는 조건이었다. 그동안 여자는 3개월간 사회적응 재활치료를 받았으며, 현재는 직업재활치료를 받는 중이다.

여자가 부천을 떠난 지 5개월이 지난 지금도 여자는 한 번도 빼놓지 않고 치료를 받기 위해 부천에 있는 병원에 오고 있다. 병원에서는 우울증 치료뿐만 아니라 사회적응을 위한 재활치료와 직업재활치료를 단계별로 진행하고 있으며, 6개월의 치료과정이 끝나면 여자는 정식으로 취업을 위한 기술습득과정에 들어가게 된다. 그동안 한 번도 결석이나 지각을 하지 않았다는 상담선생님의 이야기를 들으니 가슴이 뭉클해졌다. 미래의 직업에 대한 탐색과정에서 여자는 제과제빵 기술을 배우고 싶다고 한다.

몇 개월 후에는 여자가 제과제빵사 자격시험에 합격했다는 소식을 들을 수 있을 것 같은 기대감을 가지는 것은 너무 이른 것일까?

* 이 사례는 부천시 무한돌봄센터 이연숙 사례관리사가 주 사례관리자로 진행함

몰락한 여왕, 다시 일어설 수 있을까?

그녀의 동생이 보건복지부 129콜센터로 신고를 했다. 여든 살 엄마는 치매라 혼자서 생활할 수 없으며, 언니는 몸이 아프기도 하고 매일 술에 취해 있어서 무슨 일이 생길 것 같다고 했다. 그동안 본인이 한 달에 두 번씩 엄마 집에 가서 청소도 하고 먹을 것도 준비해 주었지만, 본인도 살기가 너무 힘들어 이제는 도저히 어찌할 수 없다고 했다. 도움을 필요로 하는 요청이 들어왔으니 우선 가정방문을 나가야 했고, 결과는 생각보다 훨씬 심각했다.

주방의 싱크대와 가스렌지는 사용한 흔적이 전혀 없어 보였다. 가스렌지 위에 냄비가 하나 있었지만, 오랫동안 사용하지 않아 먼지가 뽀얗게 쌓여 있었다. 전기밥솥도 비어 있었고, 거의 사용하지 않은 듯 보였다. 냉장고 안에는 김치통 하나만 덩그러니 들어 있었고, 주방 한쪽에는 막걸리병와 소주병이 열 개가 넘게 놓여 있었다. 마루바닥에 놓여 있는 뻥튀기가 이 집 안의 유일한 먹을거리인 것 같았다. 화장실도 살펴보니 칫솔이나 비누조차도 없었다.

"할머니, 점심밥은 드셨어요? 반찬은 뭐해서요?"

할머니는 뻥튀기를 가리켰다. 누가 사주었는지 물으니 모른다고 했다. 아무래도 할머니 치매검사부터 받아야겠다는 생각에 병원에 가서 검사를 받자고 하니, 돈이 없어서 못 간다며, 밥을 먹게 반찬을 가져다 달란다. 돈이 없어도 되고, 반찬을 드릴 테니 병원에 가자고 다시 이야기하니, 병원에 가겠단다. 그리고는 열 번도 넘게 어느 병원에 가는지 물어본다. 딸은 어디에 있는지, 그리고 어디가 아프냐고 물으니 할머니가 고개를 흔든다.

"개는 병원에 가는 것은 죽어도 싫대. 동사무소는 챙피해서 안 간대. 자꾸 말하면 막 던지고 벽을 치니까 아무 말도 말어."

우선 할머니부터 보호관리를 시작해야 할 것 같았다. 동 주민센터 사례관리사와 함께 할머니를 모시고 보건소로 가서 치매검사를 진행했는데, 2차 정밀검사가 필요하다는 결과가 나왔다. 그 후 2차 검사 실시, U-안심콜서비스, 배회어르신 인식표, 스마트 치매관리 등의 지원을 통해 할머니에 대한 적극적인 보호가 진행되었다. 가장 중요한 식사제공 서비스도 함께 진행되었음은 물론이다. 이러한 과정에서 처음 129콜센터에 도움을 요청했던 막내딸과 지속적인 연락을 취하며 진행했다.

"그딴거 안 먹어. 너 누구야, 나가! 엄마 얘 좀 치워."

일주일 만에 그녀가 내게 처음으로 던진 말이었다. 정확하게는 내게 한 말이 아니라 '나'라는 존재에 대해 그녀가 엄마한테 한 말이었다. 평등한 관계에서 사용될 수 있는 말은 아니었다. 하지만 그녀는 내게 긴급사례로 의뢰된 사례관리 대상자였기 때문에 나는 그녀의 말에 모욕감을 느끼지 않을 수 있었다. 그렇게 그녀와의 관계가 시작되었다.

하지만 아직 그녀와 정상적인 대화를 하는 것은 무리였다. 나는 할머니가 약을 빼놓지 않고 드실 수 있도록 아침마다 전화를 했다. 할머니는 귀가 어두워 말을 잘 알아듣지 못했기 때문에 내가 전화기에 대고 '할머니, 약' 하고 소리치면, 할머니는 '응' 하고 대답하는 일상이 되풀이되었다. 낮에도 밑반찬을 가지고 집에 가서 밥을 해놓고 오기도 하고, 점심과 저녁에는 옆집 할머니의 도움으로 할머니 약을 챙길 수 있도록 부탁을 했다. 내가 가정방문 갈 때마다 그녀는 항상 없었다. 나중에 알고 보니, 내가 올 시간이 되면 미리 자리를 피했는데, 그날은 미처 그러지 못했나 보다. 안방 문을 여니 술 냄새가 심하게 났고 그녀가 구역질을 하고 있었다. 내가 얼른 거실에 있던 통을 건넸더니, 그녀가 소리쳤다.

"엄마, 저것들 나가라고 해! 아, 머리 아파!"

하지만 나는 비틀거리며 넘어지는 그녀를 부축했다. 그녀는 거부하는 몸짓을 했지만 내가 잡은 손을 뿌리치지는 않았다. 그녀가 조금 안정을 취하는 것을 보고 나는 할머니가 약을 빼놓지 않고 드실 수 있도록 부탁했다. 그녀는 귀찮은 듯 알았다고 손을 저으며 내게 나가라는 몸짓을 했다. 나는 그 집을 나오며 그녀에게 이야기했다.

"다음에는 얼굴을 보면서 이야기했으면 좋겠어요."

그리고 다음 가정방문 때부터 나는 그녀와 소통을 시작할 수 있었다. 그날은 동 주민센터 사례관리사와 함께 가정방문을 했는데, 그녀는 다른 사람과는 이야기하지 않겠다고 했다. 하는 수 없이 나 혼자만 안방으로 들어갔다. 그리고 그녀는 지금까지와는 다른 눈빛, 다른 목소리로 내게 이야기를 시작했다. 처음 그녀가 내게 한 말은 자기 엄마를 그렇게 잘 돌봐줘서 고맙다는 말이었다.

그녀와 처음 이야기를 시작하면서 나는 술 이야기를 하지 않았다. 어쩌면 그녀가 가장 감추고 싶은 사실일 것 같았기 때문이었다. 그녀는 몸이 많이 아프다고 했다. 그녀는 키가 매우 컸는데, 몸무게는 40kg도

안 되는 것 같았다. 나는 그녀에게 병원치료를 받을 것을 권했고, 그녀는 순순히 내 의견에 따라주었다. 처음 병원에 갈 때, 그녀는 혼자 힘으로 걷는 것조차 힘들었기 때문에 119 구급대를 부를 수밖에 없었다.

170cm, 32kg. 병원에 입원해서 측정한 그녀의 신체측정지수였다. 부정맥, 대뇌 및 소뇌가 위축되어 있는 상태로 뇌피질 안쪽이 변성이 생긴 상태, 우울 및 인지기능 저하 등이 의사가 내린 검사결과였다.

그런데 그녀는 완강히 입원을 거부하고 있었다. 가족동의의 강제입원이 필요한 상황이었는데, 그녀의 동생은 보호자 동의를 거부하고 있었다. '만일 입원 후 좋지 않은 결과가 생기면 내가 책임을 져야 하는 것' 아니냐며 서명을 거부하고 있었다. 화가 났지만 우선 당장 입원은 뒤로 미룰 수밖에 없었다. 나는 동생에게 이번에 제대로 치료가 되지 않으면 '언니가 사망할 수도 있음'을 경고했다. 결국 2주 후에 동생은 동의 서명을 했고 그녀는 입원을 하자마자 곧바로 중환자실로 옮겨졌다. 면회시간에 찾아간 내게 그녀는 자신의 이야기를 시작했다.

그녀는 오 남매 중 셋째 딸이었다. 그녀는 집안에서 가장 예쁘고 똑똑한 아이였다. 서울의 명문대를 나왔으며 신문기자가 그녀의 처음 직업이었다고 했다. 그런데 아버지가 갑자기 교통사고로 사망하고, 큰오빠가 사업을 하면서 집안의 모든 재산이 송두리째 없어져 버렸다. 오빠의 사업은 두 언니의 가정까지 모두 망가뜨렸고 모두 뿔뿔이 흩어져 버렸다. 단지 막내 여동생만이 그녀와의 관계가 유지될 뿐이었다.

그리고 더 이상 그녀는 자신의 이야기를 하지 않았다. 다만, 내게 고맙고 미안하다는 말만 했다. 나보다 훨씬 어린 사람도 이렇게 열심히 사는데, 부끄럽다는 말도 했다. 이제 그녀는 퇴원을 했고, 그녀와 할머니는 기초생활수급자로 보호를 받게 되었다. 요양보호사가 그녀 가정을 방문해서 할머니를 돌봐드리게 되었다. 그녀의 병이 다 나을 때까지 요양보호사는 그녀도 함께 돌보아 줄 것이다.

그녀는 나보다 훨씬 좋은 대학을 나온 똑똑하고 능력이 있었던 여자였다. 어떤 폭풍우가 그녀에게 휘몰아쳤는지 나는 자세히 알지 못한다. 하지만 힘든 시련과 고통을 견뎌내지 못한 결과가 어떠한지는 분명히 알 수 있었다. 어쩌면 그녀의 도도함이 그녀를 더 쉽게, 더 빨리 그녀를 깊은 수렁으로 빠지게 했을지도 모른다는 생각이 그녀의 집을 나오면서 들었다.

* 이 사례는 부천시 무한돌봄센터 김명선 사례관리사가 주 사례관리자로 진행함

목마른 사람에게 내미는 시원한 물 한 대접

오른팔에 깁스를 한 초로(初老)의 아주머니가 동 주민센터 사회복지담당자를 만나고 싶다고 했다. 쉽게 말을 시작하지 못하는 아주머니에게 재차 오신 이유를 물어도 묵묵부답이다.

"여기까지 오시려고 마음먹느라 힘드셨지요? 어젯밤에 한잠도 못 주무신 것 같아요."

갑자기 아주머니 얼굴이 붉어지면서 눈물이 고인다. 아주머니는 어젯밤뿐만이 아니라 동 주민센터에 찾아오려고 마음먹느라 열흘도 넘게 밤잠을 설쳤다고 했다. 아주머니는 아주 오래전 집을 나와 혼자 살았다. 식당주방일도 하고, 함바일도 하고, 공장에도 다녀서 먹고 살았다.

지금은 식당에서 주방일을 해서 월세도 내고 생활을 해왔는데, 한 달 전 아침에 일하러 나가다가 넘어졌다. 괜찮을 것 같았고, 일을 나가지 않으면 당장 식당에서 일할 사람을 구할 수 없기 때문에 그냥 일하러 나갔다. 하지만 오후가 되자 점점 팔이 부어오르고 아파서 도저히 일을 할 수 없었다. 식당 주인에게 사정을 이야기하고 병원에 가니 의사가 팔목 뼈에 금이 갔다며 깁스를 해주었고, 두 달 이상 치료를 해야 하며 일을 하면 안 된다고 했다. 아니, 도저히 일을 할 수가 없었고 일자리를 구할 수도 없었다. 그렇게 한 달이 지났다. 당장 월세도 내야 하고, 공과금도 내야 했다. 쌀독이 바닥을 보이자 더럭 겁이 났다.

"내가 팔만 나으면 이런 데 안 와요. 어떡하든 내 힘으로 먹고 살지요."

아주머니는 매우 자존심이 강한 성격인 듯했다. 비록 남편도 자식도 없이 혼자 힘으로 노동을 해서 먹고 살았지만 본인이 일을 할 수 있을 때까지는 정부의 도움을 받지 않겠다고 했다. 그런 아주머니에게 나는 긴급지원에 대해서 자세히 설명을 했고, 치료기간 동안 생계비 지원에 대하여 안내했다. 더구나 준비할 서류는 치료비 영수증과 식당에서 받은 급여통장을 확인하는 것만으로 신청된다고 이야기하니 아주머니 얼굴이 처음과는 달리 편안해졌다.

아주머니는 경기도 긴급지원사업인 무한돌봄 지원을 받을 수 있었다. 임대차계약서와 의사소견서, 한 달 전까지 일했던 급여에 대한 입금 확인만으로 신청이 가능했다. 아주머니는 곧바로 3개월간 무한돌봄 생계비와 주거비를 지원받았으며, 3개월 후에는 팔의 깁스를 풀고 다시 일을 할 수 있게 되었다. 어느 날 동 주민센터를 찾아온 아주머니 손에는 피로회복제 한 상자가 들려 있었고, 얼굴은 환하게 웃고 있었다.

그랬다. 꼭 큰 도움이 필요한 것은 아니었다. 목마른 사람에게 내미는 시원한 물 한 대접은 진수성찬보다 훨씬 귀하다. 우리 주위에는 내 몸 성할 때까지는 남한테 손 내밀지 않고 살려는 사람들이 훨씬 많다. 하지만 우연히 닥친 불행을 피해나가는 일은 우리 모두에게 쉽지 않다. 그럴 때, 정말 힘들어 우리를 찾아오는 사람들에게 따뜻한 마음으로 손을 잡아줄 수 있는 그런 사회복지공무원이 되고 싶다.

Chapter 7

함께 나누는 일, 정말 행복한 일

홍보는 필요 없습니다

매월 100만 원의 후원금을 1년 동안 지원하고 싶은데 어떻게 하면 되는지 묻는 전화를 받았다. 춘의동에 있는 작은 기업인데 사장님과 직원들이 함께 모아서 매달 100만 원의 후원금을 가정이 어려운 청소년들에게 지원하고 싶단다. 많지 않은 돈이라서 너무 여러 명에게 나누는 것은 그리 큰 도움이 될 것 같지 않다며 3~4명의 인원으로 한정했으면 좋겠단다. 그리고 주위에 알려지는 것은 원하지 않는다고 했다.

이건 덩어리째 굴러들어 온 복덩어리였다. 일회성 후원을 하면서도 신문 보도를 요구하고, 높은 분과의 만남을 원하는 후원자들도 있는데, 매월 100만 원의 후원금을 아무런 요구사항 없이 그냥 지원하겠다니…

참으로 기분 좋은 일이었다. 나는 결연에 필요한 준비를 신속하게 진행했다. 우선 후원하는 기업이 세금공제혜택을 받을 수 있도록 하는 일, 정말로 도움이 필요한 어려운 가정의 청소년을 선정하는 일이 우선이었다. 경기도공동모금회를 통해서 지정기탁서를 작성하고, 각 동에 대상자 추천공문을 발송하고, 우리가 관리하고 있는 사례관리 대상자 중에서 어려운 가정의 청소년을 선정하고자 했다.

'건강한 마음과 생활태도를 가진 어려운 가정의 청소년 5명'

우리가 후원자에게 추천할 대상자 자격이었다. 선정된 청소년에게는 매월 20만 원의 후원금이 1년간 지급될 것이다. 한부모가정, 조손가정, 장애인부모가정, 위탁가정의 청소년 등… 신청을 한 열두 명 중에서 우리는 다섯 명의 청소년을 선정했다. 선정되지 못한 아이들에게는 미안한 일이었지만, 선정된 다섯 명의 청소년들에게는 참으로 다행한 일이었다.

이렇게 좋은 후원자들 덕분에 사회복지공무원인 우리가 힘을 내서 일할 수 있는 것이다. 사람 사는 일이 주고받는 것인데, 후원자들에게 매번 받기만 하니 참으로 미안했다. 그동안 후원자에게 감사하다는 인사를 말로만 해왔는데, 조촐하게 식사라도 대접하고 싶어 구청장님께 말씀드리니 흔쾌히 승낙하셨다. 그래서 준비한 행사가 '원미구 후원자 초청 오찬 간담회'였다. 후원자들에게 일일이 전화를 해서 일정을 잡았고, 장소는 매월 독거노인 생신잔치를 해주는 산해연 식당이었다.

그리고 얼마 후 또 한 번의 기쁜 전화를 받았다. 매월 100만 원의 후원을 해주고 있는 회사에서 매월 300만 원으로 후원금을 늘리고, 인원도 10명으로 늘려서 후원을 하겠단다. 5개월 만에 후원금이 3배로, 인원은 2배로 늘어난 것이다. 큰 기업도 아닌 작은 기업에서 이렇게 큰 후원을 계속해 주니 참으로 감사한 일이었다. 우리는 이렇게 좋은 일을 하는 회사의 홍보를 위해서 아이들과 자매결연의 자리를 마련하겠다고 사장님에게 이야기했다.

"어려운 환경에서 학교를 다니는 아이들을 돕기만 하면 됩니다. 홍보 같은 것은 필요 없습니다."

돌아온 회사 대표의 대답이었다. 아이들과 자매결연의 자리도 마련하고, 신문에 보도도 하고자 계획했던 일들은 무산되었다. 하지만 후원자의 의도에 충실해야 하는 것은 후원자 관리의 첫 번째 지침이다. 조금은 서운했지만 하는 수 없는 일이었다. 대부분 후원자와 대상자가 함께하는 자리는 그리 유쾌하지 않은 것이 사실이다. 그곳에는 분명 '주는 자와 받는 자', '강한 자와 약한 자'가 함께하기 때문이다. 세상살이를 많이 한 노인들은 그래도 '받는 기쁨과 감사함' 때문에 후원의 자리에 기꺼이 참여를 원하지만 아이들은 절대 그렇지 않다. 그래서 회사 대표에게 더욱 감사했다.

1년이 거의 끝나갈 무렵, 내년 3월부터 열 명의 청소년에게 매월 50만 원씩 2년간 지원하겠다는 연락을 받았다. 총 1억 2천만 원이었다. 우리는 후원금을 지원할 대상자만 잘 선정하는 일에 최선을 다했다. 부천에 있는 실업계 고등학교에 '정말 후원이 필요한 건강한 청소년 1명씩' 추천해 달라는 공문을 보냈고 선생님과 아이들은 열심히 신청서를 작성해서 제출했다. 그렇게 해서 선정된 10명의 청소년에게 우리는 모범청소년 생활장학증서를 구청장실에서 전달했다. 물론 회사에서는 아무도 참석하지 않았고, 2014년 3월부터 열 명의 청소년들에게는 매월 50만 원의 장학금이 전달되기 시작했다.

어느 날, 장학금대상자로 선정된 부천공고 3학년의 한 학생에게 전화가 왔다. 모든 꿈과 희망을 포기한 채로 지내왔는데, 갑자기 꿈이 생겼다고 했다. 그래서 장학금을 주신 사장님께 인사를 드리러 회사에 찾아가고 싶다고 했다. 나는 회사의 위치와 전화번호를 알려주었다.

이게 바로 진정한 사회복지 실천이라는 생각이 든다.

어린이집 아이들과 함께한 사랑의 저금통

'동생들아 고마워. 나보다 어린 너희들이 모아서 준 장학금은 정말 고마워. 나도 훌륭한 어른이 되어서 어려운 사람들을 많이 도와줄 거야.'

비뚤배뚤 맞춤법도 틀리게 쓴 감사편지를 다섯 통이나 받았다. 공책을 뜯어서 연필로 꾹꾹 눌러쓴 정감 넘치는 글을 읽으니 마음이 따뜻해진다. 나는 그 편지를 복사해서 사랑의 저금통을 모아준 어린이집에 모두 보냈다. 그 편지는 아직 한글을 읽지 못하는 어린이집 아이들을 위하여 선생님이 큰소리로 읽어주게 될 것이다.

어린이집에는 많은 프로그램이 운영된다. 어린이집 원장님과 보육교사들은 기존 교육 프로그램에 맞춰서 운영을 하지만 아이들에게 창의적인 프로그램 개발을 위해서도 많은 노력을 기울인다.

2007년 봄, 나는 어린이집 원장님들에게 사랑의 저금통 사업을 제안했고 원장님들의 정성 어린 협조가 시작되었다. 이 사업은 일명 '칭찬 프로그램'이라는 부제가 붙었는데, 매년 5월 5일 어린이날에 어린이집에서는 아이들과 함께 재활용 우유팩으로 만든 저금통을 집으로 가져간다. 집에서 부모님들은 아이들이 착한 일을 하거나 칭찬받을 일을 하면,

칭찬과 함께 동전을 저금통에 넣어주는 것이다. 그렇게 12월까지 부모님과 아이들이 함께 모은 저금통은 성탄절 산타 행사를 위하여 어린이집에 가져온다.

그해 12월 오정구에 있는 65개 어린이집에서 모은 수백 개의 저금통을 뜯고 동전을 세는 일은 정말 힘이 들었지만 우리는 마치 산타할아버지처럼 동전을 자루에 가득 담아서 은행에 가지고 갔다. 100원짜리 동전이 모여서 800만 원이 넘는 큰 후원금이 되었다. 이제 이 돈을 가장 잘 사용할 수 있는 방법에 대한 고민이 시작되었다. 이 돈을 어린이집 연합회 이름으로 경기도공동모금회에 보내는 방법, 쌀이나 라면 등의 생필품을 사서 어려운 이웃들에게 나누는 방법, 어려운 이웃을 추천받아 경기도공동모금회를 통해서 지정기탁 처리하는 방법 등의 의견이 나왔다.

그중에서 우리가 결정한 것은 관내 지역아동센터에 다니는 어려운 가정의 초등학생들에게 장학금으로 전달하고 일부 금액은 쌀과 라면을 구입해서 한부모가정에 전달하는 것이었다. 특히 장학금 지급은 지역아동센터와 협조해서 진행했다. 부모님의 돌봄이 부족한 가정의 아이들이 학교가 끝난 후에 결석하지 않고 지역아동센터에 오는 어린이, 본인보다 더 어려운 친구들을 잘 도와주는 착한 어린이를 지역아동센터별로 다섯 명씩 추천해 달라고 했다. 그냥 10만 원의 후원금만을 전달하는 것보다는 친구들이 모인 자리에서 착하고 성실한 친구에게 주어지는 장학증서는 훨씬 더 자랑스러울 것이라는 생각에 오정구청장 직인이 찍힌 50장의 장학증서를 만들어서 함께 전달했다.

그중 한 곳의 지역아동센터에서 장학금을 받은 아이들이 어린이집 동생들에게 따뜻한 감사 편지를 보냈다. 맞춤법도, 띄어쓰기도 틀렸지만 다섯 통의 편지를 읽는 내내 마음이 따뜻했다. 이 사업은 10년이 지난 지금도 부천시 어린이집 전체가 매년 성탄절 나눔 행사로 진행하고 있어서 더욱 좋다.

TIP

이웃돕기사업에 대하여 설명드릴게요

이웃돕기사업은 읍면동, 시군구에 접수된 현금, 현물 기탁에 대하여 처리하는 절차를 말하는데요. 처음 후원자를 만나면 '기부자 성금기탁서'를 작성해야 합니다. 그런 후 담당자는 행복e음에 지정기탁 현금(현물)을 서비스정보에 등록하고, 시·도사회복지공동모금회로 계좌 입금하도록 해야 하며, 현물인 경우에는 품목, 수량을 등록해야 합니다. 후원자가 익명을 원할 경우는 익명으로 접수가 가능하지만, 기부금 영수증을 원할 경우에는 현물가액을 확인할 수 있는 현금(카드)영수증이나 세금계산서가 반드시 있어야 합니다.

후원금은 일시적 지정기탁, 정기적 지정기탁, 일반기탁으로 분류할 수 있는데요. 지정기탁은 우리가 후원대상자를 선정해서 공동모금회에 공문을 보내면 후원금이 지정대상자 통장에 직접 입금됩니다. 일반기탁인 경우에는 사회복지공동모금회에서 대상자를 선정해서 후원금을 지급합니다. 그래서 현장에서는 대부분 우리 동네에 거주하는 어려운 사람을 대상자로 선정해서 후원금을 지원하는 지정기탁방식을 선호한답니다.

사회복지공무원으로 일하면서 후원자를 발굴하고 관리하는 일은 너무나 중요합니다. 공공부조로 해결하지 못해서 답답할 때, 지원할 수 있는 후원금은 마치 '가뭄 끝의 단비'와도 같습니다. 어떤 경우에는 공공부조 100만 원보다, 후원금 10만 원이 더 반갑고 고마운 경우도 많답니다.

독거노인 생신잔치

"사장님, 좋은 일 하시네요. 독거노인 식사대접을 매월 하시나 봐요?"

흔히들 공무원들이 자주 다니는 식당은 싸고 맛있는 집이라고 이야기 한다. 그래서인지 나도 낯선 곳에서 식사를 할 일이 생기면 일부러라도 관공서 근처를 찾곤 한다. 오랜만에 부모님께 좋은 음식을 대접해 드리고 싶어서 위생과에 전화를 해서 물어보니, 추천해 준 식당이었다. 값은 좀 비쌌지만 음식이 맛있고 좋았다. 계산을 하는데 사장님 뒤편에 '독거노인 무료 식사대접'이라는 작은 플래카드가 걸려 있었다.

사회복지공무원인 나는 당연히 그냥 지나치지 못한다. 조금은 부끄러운 듯 얼굴이 붉어진 사장님은 작년 10월부터 독거노인들을 위해서 매월 한 번씩 식사대접을 하고 있다고 했다. 그런데 요즘은 동 주민센터에서 모시고 오는 분들이 그리 어렵지 않은 분들인 것 같아 대접을 하면서도 마음이 편치 않다는 말을 덧붙였다.

아마 동 주민센터에서도 매월 스무 명의 독거노인을 추천해서 모셔오고 다시 집에 모셔다 드리는 일이 수월하지는 않았을 것이다. 더구나 매월 같은 노인을 대접해 드릴 수도 없고, 혹시라도 몸이 불편한 노인이면 한 분 한 분 모두 집에 방문해서 모셔오고 모셔다 드려야 하는 일이니 말이다.

동 주민센터 이웃돕기 자원을 빼앗는 것 같아 조금 미안한 마음이 들기도 했지만 이런 경우에는 구청에서 개입하는 것이 훨씬 효율적일 수 있다는 생각이 들었다. 다음 날 출근해서 동 주민센터 담당자와 구청에서 노인을 추천하는 것에 대해 조심스럽게 이야기하니, 그동안 힘들었는지 얼른 동의해 주었다. 하지만 구청도 어려운 것은 마찬가지였다. 20개의 동 주민센터에 공문을 보내서 노인 한 분씩 추천을 받아도 직원들이 모두 모셔와야 하고, 점심시간에 노인을 모셔온 직원들의 식사는 또 어찌하나 싶었다. 좀 더 효율적이고 합리적인 방안을 찾기 위해 우리 팀 직원들과 사례관리사들이 함께 모여 이야기를 했는데 좋은 의견이 마구 나온다. 여러 가지 의견 끝에 우리는 부천시 독거노인지원센터와 연계를 해서 어려운 노인을 추천받는 것으로 결론을 지었다.

부천시에는 3,500명 정도의 독거노인이 등록되어 있고, 독거노인 생활관리사가 65명이 있다. 독거노인 생활관리사는 매주 2회 이상 독거노인가정을 방문해서 노인의 생활상의 어려움을 살펴보고, 함께 병원에 모시고 가기도 하고 어려운 일이 있으면 지역사회 자원과 연계하기도 한다. 물론 모든 총괄적인 사무는 센터에서 하고 있었다. 센터에 연락하니 새로운 자원이 생겼다며 매우 기뻐하며, 또 다른 좋은 의견을 내놓는다. 가족이 전혀 없거나 혹시 있더라도 관계가 단절되어 혼자 사시는 노인들은 생신날에도 홀로 지내시는 경우가 대부분이란다. 매월 식사를 대접하는 것이니, 이왕이면 해당 월에 생신을 맞으신 노인들만 모시고 오는 것이 좋겠단다.

여러 사람들과 함께 모은 좋은 의견으로 독거노인 생신잔치는 이렇게 시작이 되었다. 식당 사장님은 생신이라는 말에 꼭 미역국을 준비해 주었고, 센터에서는 독거노인 생활관리사들이 각 가정을 방문해서 노인들을 모시고 센터로 오고, 센터에서는 차량을 이용해 독거노인들을 식당에 모시고 온다.

구청에서는 생일 케이크를 준비했고 식당에서는 미역국을 끓였다. 노인들은 비록 생일날은 아니지만 생일월에 합동 생신잔치를 함께 하게 되었다. 한 달에 한 번, 산해연 식당은 점심시간에는 손님을 받지 않는다. 노인 대접에 충실하고 싶은 사장님 마음일 것이다. 문어와 갈비, 전복과 새우가 들어간 식당에서 제일 좋은 요리와 미역국, 떡과 술을 대접받은 노인들은 이렇게 좋은 음식을 처음 드셔본다며 눈시울이 붉어지는 분들도 있다.

가정의 달인 5월에는 구청장님을 모시고 행사에 참석하기도 하고, 후원자 간담회를 개최할 때는 이곳을 이용하곤 한다. 그렇게 2년 정도 지나서, 부천타운의 김영의 기자에게 부탁을 했다. 2년이 넘는 기간 동안 매월 한 번도 거르지 않고 노인들에게 최고의 식사를 대접하는 사장님을 크게 보도해 달라고 했더니, 보도자료를 줘서 고맙다고 한다.

요즘 나는 산해연 사장님이 사회복지 유공자 표창을 받을 수 있으면 좋겠다고 생각 중이다.

후원자가 된 한의원 원장님과 화가 선생님

첫 번째 이야기

그날도 오전부터 사무실이 시끄러웠다. 전입신고를 하러 온 남자 민원인이 잔뜩 술에 취해서 사무실에서 난동을 부렸기 때문이다. 그 사람은 사무실 문을 열자마자 욕을 시작했다. 술에 취해 비틀거리며 제대로 몸을 가누지도 못했으며, 전입신고 창구로 가서도 다짜고짜 욕을 시작했다. 담당 직원은 전입신고서 작성을 안내했지만, 민원인에게 주민등록증조차 받지 못한 채 어찌할 줄 몰라 했다. 그리고 민원인은 다시 사회복지 창구로 와서 민원대를 발길로 차며 욕을 해댔다.

이런 경우 경찰에 신고하는 방법과 공익이나 남자직원들이 양팔을 잡아서 밖으로 나가게 하는 방법이 있는데 우리는 후자를 선택했다. 새로 전입한 수급자와의 첫 만남을 경찰의 개입으로 시작하는 것은 서로에게 그다지 유익하지 않기 때문이었다.

사회복지공무원들은 이런 민원인을 '뉴페이스가 왔다'라고 말하며 싫어하는데 기초생활수급자 중 고질민원인이 전입을 와서 앞으로 겪어야 할 스트레스가 예상되기 때문이다. 이런 날 우리는 '욕을 많이 먹어서 배부르다'고 말하지만 실제로도 밥을 잘 먹지 못한다. 이날도 점심식사 대신에 평소에 자주 다니던 한의원으로 갔다. 심장이 뛰고 머리가 멍해질 때에는 한의원에 가서 침을 맞고 뜸을 뜨는 것이 몸을 편안하게 해주기 때문이다.

"사회복지하시는 분들이 스트레스가 많이 심한가 봐요."

맥을 짚던 원장님이 안쓰러운 듯 묻는다. 나는 그냥 웃을 수밖에 없었다. 그렇게 몇 달이 지나고, 치료를 받으러 간 어느 날 원장님이 후원을 하고 싶은데 쌀이 좋은지 현금이 좋은지 물었다. 나는 얼른 돈을 후원해주시면 좋겠다고 대답했다. 기초생활수급자나 차상위계층은 정부양곡으로 쌀을 구입하면 일반가격의 절반에 살 수 있기 때문이었다.

원장님은 적은 돈이지만 잘 써달라며 215만 원을 보내 주었고, 나는 경기도 공동모금회에 곧바로 지정기탁 처리를 했다. 덕분에 그해 겨울 원미2동의 어려운 가정에 그 돈은 골고루 나누어졌다. 그리고 한의원은 얼마 후 서울로 이사를 가버렸다. 요즘도 나는 사무실 근처에 있는 한의원에 다니며 치료를 받는데, 200만 원이 넘는 큰돈을 선뜻 후원금으로 보내준 원장님의 깊은 뜻을 생각하면 다시금 마음이 따뜻해지곤 한다.

두 번째 이야기

남편의 폭력이 무서워서 집을 나왔다는 40대 초반의 여자가 동 주민센터를 찾아왔다. 삼 남매는 아직 남편과 같이 살고 있지만, 여자는 아이들을 데리고 나와서 살고 싶다고 했다. 하지만 여자는 살 곳이 없었다. 낮에는 식당에서 주방일을 하고 밤에는 찜질방에서 잠을 잔다고 했다. 여자는 오랫동안 남편의 폭력과 시누이의 주술행위, 시어머니의 모진 시집살이에 시달리며 살아왔다고 했다. 원망과 푸념이 뒤섞인 말투로 자신이 살아온 신산한 삶을 이야기했는데, 여자의 말투는 많이 어눌해서 여자가 이야기한 내용을 이해하는 데는 나도 한참 시간이 걸렸다.

이런 경우 여자를 설득해서 집에 들어가도록 하는 것만이 정답은 아니라는 생각이 들었다. 남편의 지속적인 폭력과 가족의 학대를 경험한 여자들은 낮아진 자존감으로 인해 스스로를 지키는 힘이 매우 약하다. 집을 나와서 찜질방을 전전하며 한 번이라도 자식들 얼굴을 보려고 자신의 집 근처를 배회하는 여자를 집에 들어가도록 하는 '설득 반, 강요 반'의 상담이 절대 정답이라고 말할 수는 없을 것이다.

또한 이 가정의 생활실태를 조사해서 여자에게 공적부조를 지원하는 일은 매우 어려운 일이다. 여자의 소득과 재산을 조사하는 일이야 어렵지 않지만, 그토록 무서워하는 남편을 부양의무자로 조사를 해야만 하는 일은 쉽지 않은 일이었다. 더구나 남편이 이혼을 원하지 않는 경우라면 우리가 이혼을 권장하는 것 같은 오해의 소지가 생길 수도 있기 때문이었다. 우선 여자를 부양의무자 조사가 필요하지 않은 차상위 자활대상자로 선정해서 보호를 진행했다. 차상위 자활보호는 직접적인 생계비 지원은 되지 않지만, 여자에게 지속적으로 일을 할 수 있는 기회를 제공할 수 있기 때문이었다. 두 번째로는 그녀와 장기간의 상담을 진행하며 가족갈등관계를 지켜보았다.

동 주민센터 사회복지공무원의 지지 덕분으로 그녀는 용기를 내어 남편과 아이들을 만나기도 했다. 그러는 과정에서 남편은 이혼은 아니지만 별거에 동의를 해주었고 아이들은 그녀가 데리고 살기로 합의가 되었다.

요즘은 긴급한 경우에 여러 가지 주거지원 사업이 있지만, 당시만 해도 그렇지 못했다. 그녀가 모아둔 100만 원으로 월세방 보증금을 마련

했고 동네에서 부동산을 하는 부녀회장님은 네 식구가 살 수 있는 제법 넓은 방을 구해주었다.

"이 선생님, 지금 사회복지 일하시지요? 우리 모임에서 그동안 모은 돈이 있어서 후원을 하려고 하는데, 지원할 만한 사람이 있을까요?"

어느 날 부천예총의 서 화백님이 전화를 주셨다. 매주 일요일 문화센터에서 내가 그림을 배우는 화가 선생님인데, 300만 원의 후원금을 전달하고 싶다고 했다. 하늘에서 복덩어리가 내 품 안으로 뚝 떨어진 것 같았다.

직원들과 상의해서 300만 원의 후원금을 두 명에게 나누기로 했다. 우선 보증금 100만 원의 월세방에 사는 그녀에게 150만 원을 후원해서 월세를 조금이라도 줄일 수 있도록 하고, 나머지 150만 원은 이번에 대학에 입학하는 기초생활수급자 가정에 대학등록금으로 지원하기로 했다. 아빠가 장애인이고 엄마가 자활사업에 참여해서 생활을 하는 가정인데, 어렵게 살아가는 부모님을 힘들게 하지 않고 공부도 열심히 하는 착한 학생이었기 때문에 꼭 도와주고 싶었다.

2010년에는 그렇게 복덩이가 두 번이나 내게 굴러들어 왔었다. 한의원에 치료받으러 다니다가 원장님에게 받은 215만 원의 후원금, 문화센터에서 그림을 배우다가 화가 선생님에게 받은 300만 원의 후원금은 어렵게 사는 사람들에게 밝은 희망이 될 수 있었다.

사회복지공무원인 내가 참 좋다!

TIP

차상위자활보호에 대해서 알려드릴게요

차상위자활사업은 기초생활수급자가 아닌 가구로서 소득인정액이 최저생계비 120% 이하인 근로능력이 있는 미취업자 중에서 자활근로 참여를 희망하는 사람에게 일자리를 지원하는 제도예요.

조금 쉽게 설명을 해볼게요. 먹고 살기가 어려워서 동 주민센터에 찾아온 분들과 상담을 하다가 보면 법적인 제도를 적용해서 기초생활수급자 등으로 보호를 할 수 있으면 우리들도 편하고 좋아요, 하지만 본인이나 가족이 근로능력이 있거나 부양의무자가 소득이나 재산이 있는 경우에는 수급자로 보호하는 것은 매우 어렵답니다. 하지만 실제로는 생활이 매우 어렵고 본인도 일을 해서 먹고 살고 싶은데, 정규직도 아닌 일용직으로 취업을 했지만 얼마 되지 않아 해고되거나 본인이 견디지 못해 나오는 경우가 많습니다.

이런 경우 차상위자활사업 참여를 권유하게 되는데요. 본인의 소득이나 재산은 기초생활수급자 기준에 준하여 조사하지만, 부양의무자는 조사하지 않으며, 기초공제액은 기초생활수급자의 2.5배를 적용합니다. 차상위자활사업 참여자는 시장진입이 어려운 사회적 일자리인 가사, 간병, 청소 돌봄사업 등이 있으며, 지방자치단체별로 다양한 사업이 있답니다. 또한 차상위계층이 받을 수 있는 다양한 혜택을 받을 수 있기 때문에 1년에 2회 이상 소득을 재확인하며, 참여기간은 36개월로 제한합니다.

어린이집에서 만들어 준 맛있는 반찬

2004년 2월 어느 날 아침 발령이 났다.

우리들끼리 '공무원은 종이 한 장으로 떠나는 사람'이라고 자조적으로 이야기하지만, 그래도 서운하긴 했다. 하긴 뭐 미리 발령 날 것을 안다고 해서 달라지는 것은 없으니 '서운할 것도 없다'며 스스로를 위로했다.

하지만 새로 발령받은 동 주민센터 건물은 지은 지 30년도 넘은 낡은 건물이었고, 비가 오는 날에는 지붕에서 물이 샜기 때문에 양동이를 받쳐 놓아야 했다. 크고 웅장하기까지 한 시청건물에서 근무하다가 갑자기 화장실이 마당에 있고, 비가 오면 물이 새는 동 주민센터에 출근하는 첫날은 우울하기조차 했다.

원종1동 수급자가정은 200여 세대쯤 되었고, 사회복지담당 공무원은 7, 8, 9급으로 구성된 3명이었다. 동 주민센터에 복지담당 공무원이 한 명씩 근무하던 예전에 비하면 이 정도 구성원이면 아주 좋은 편이었다.

그런데 예전에 비해 민원인들이 거세진 것이 큰 변화였다. 일주일에 한두 번은 술에 취해서 행패를 부리는 남자수급자, 3개월마다 진단서를 제출해야 하는 건강한 젊은 수급자(?)는 새로 온 공무원과의 기 싸움을 위해 더 자주 동 주민센터에 찾아와 소란을 피웠다. 반면에 자식으로부터 부양을 받지 못하는 비수급 노인들, 장애로 인해 가족들로부터 소외된 사람들, 부모로부터 방임된 빈곤가정 아이들은 매일매일 힘겹게 살아가고 있었다.

나는 복지도우미와 함께 가정방문을 시작했다. 작은 연립의 공간을 모두 채우고도 모자라 계단까지 폐휴지를 쌓아놓은 수급자 할머니네 집은 바퀴벌레들이 휙휙 하고 발밑을 지나갔고, 한부모가족이 살고 있는 반지하방 문을 열고 들어가니, 초등학생 형제가 김치도 없이 라면을 삶아먹고는 놀러 나갔는지 방 한가운데에 뚜껑도 닿지 않은 냄비만 덩그러니 놓여 있었다. 남자독거노인이 사는 지하방은 문을 열고 들어가려는데 안에서 뿜어져 나오는 독한 냄새 때문에 현관문에 발을 들여놓기가 겁이 날 정도였다. 이들은 기초생활수급자이기 때문에 정부양곡을 일반 시중가의 절반가격에 살 수 있었지만 쌀만 가지고 먹고살 수는 없는 노릇이었다.

도대체 내가 할 수 있는 일이 아무 것도 없는 것 같았다. 매월 20일 그들에게 생계주거비를 지급하고, 가끔씩 들어오는 쌀이나 라면 등을 지원하는 것이 사회복지공무원들이 하는 전부라고?

이건 아니었다!

사람에게 제일 중요한 것은 음식이다. 물론 사랑, 관심, 돌봄 등등 많은 것이 필요하지만, 당장 배가 고프고 먹을 것이 부족하다면 그건 너무 슬픈 일이다. 그래서 생각했다.

'이들에게 따뜻하고 맛있는 음식을 먹게 해줄 수 없을까?'

하루종일 생각하고 또 생각했다. 그러고 나니 우리에게 반찬을 지원해 줄 수 있을 것 같은 여러 후원자가 떠올랐다. 나는 오랫동안 구청과

시청에서 보육업무를 담당했기 때문에 어린이집 원장님들과 여러모로 친분이 많았다. 워낙에 깍쟁이처럼 업무를 본다고 해서 싫어하는 원장님들도 있었지만, 그래도 내가 도움을 청하면 도와줄 원장님도 꽤 있을 것 같았다. 어린이집 아이들 식사를 준비할 때 일주일에 한 번만 조금 넉넉하게 음식을 마련해 줄 것을 요청했더니 열 곳이 넘는 어린이집 원장님들이 흔쾌히 지원을 약속했다.

매주 목요일 오후, 직원과 공익요원 둘이서 동 주민센터 차로 어린이집을 돌아다니며 따뜻한 반찬을 가져왔다. 어떤 원장님은 5인분의 반찬 외에도 구이김도 한 상자 보태주기도 했고, 김치를 넉넉히 담았다고 한 통 더 주기도 했다.

원종1동 주민센터의 목요일 오후는 작은 잔칫집 같았다. 매일 술 마시고 와서 행패 부리던 김씨는 반찬 가지러 오는 날에는 단정한 차림으로 동 주민센터에 와서 넙죽 인사하며 반찬을 받아갔다. 물론 술에 취해서 소란피우는 횟수가 급격히 줄어들었음은 말할 나위도 없었다. 혼자 사는 장애인가정, 폐지 줍는 독거노인, 반찬이 없어서 매일 라면만 삶아 먹던 아이들에게 매주 5일간의 따뜻한 반찬을 전해주는 뿌듯함은 정말 행복한 일이었다.

사회복지 업무를 하면서 느끼는 일 중의 하나는 우리 주위에는 남을 해치려는 나쁜 사람들보다는 내가 가진 것을 나누고, 나보다 어려운 사람들에게 봉사하려는 마음을 가진 선한 사람들이 훨씬 더 많다는 것이다. 우연한 자리에서 처음 만나는 사람에게 내 직업이 사회복지공무원이라고 이야기하면, 처음 보는 사람이라도 내게 편안한 눈길을 보내주는 경우가 많다. 그리고는 자신도 어려운 사람들을 돕고 있다거나 혹은 도움 주는 일을 하고 싶다는 이야기를 한다. 그러다 보면 친목모임이나 동창모임에서 모아진 돈으로 의미 있는 일을 하고 싶다며 선뜻 후원금을 내놓기도 하고, 시골에서 농사를 져서 가져온 쌀이 넉넉하다며 보내주기도 한다. 세상살이가 힘들고 각박하다지만, 우리 사회는 그리 각박하지도 무섭지도 않은 것 같다.

TIP

정부양곡 지원사업에 대하여 알려드릴게요

정부양곡은 기초생활수급자와 차상위계층이 신청을 할 수 있는데요. 정부양곡이라고 해서 예전의 정부미를 생각하시면 안 돼요. 예전의 정부미는 쌀이 부족해서 정부에서 일반 벼보다 수확이 많은 통일벼를 장려해서 수확한 것이었고요. 지금은 그렇지 않답니다. 2015년 제공되는 정부양곡은 2014년산 정부수매 일반미를 기초생활수급자와 차상위계층에 정부고시가격의 50%에 판매하는 것이랍니다.

정부양곡은 매월 신청가정에 20~25일 사이에 택배회사에서 직접 배달하고 있으며, 배달하기 한 달 전에 대형 정미소에서 직접 도정해서 보내지기 때문에 매우 신선한 쌀을 제공하고 있습니다.

2015년 정부양곡 고시가격은 44,410원(20kg)이며, 신청자에게는 한 포에 22,200원에 판매됩니다. 나머지 차액 22,210원과 한 포당 택배비 2,700원은 해당 시군에서 지급됩니다. 이렇게 저렴하게 지급되기 때문에 기초생활수급자나 차상위계층이라 하더라도 무조건 많이 구입할 수는 없고요. 1인당 월 10kg만 신청이 가능하며, 4인 가족인 경우 매월 20kg 두 포를 44,400원에 구입할 수 있는데, 부천시에서는 월평균 기초생활수급자가 2,443포, 차상위계층이 1,131포를 신청했습니다. 물론 일반인은 정부양곡을 구입할 수 없답니다.

Chapter 8

민관협력으로 변화시킨 복지정책

학대아동을 한 명만 구해내도 성공입니다

다 같이 돌자 동네 한 바퀴!

부천에 장애아동이 늘어나요

보건복지부에 팩스로 보낸 방과후 교사 지원계획서

학대아동을 한 명만 구해내도 성공입니다

'부천시의회 시의원 노트북 구입예산 3천만 원 확보, 아동학대상담센터 설치예산 3천만 원 삭감'

2001년 4월, 중앙일보 지방란에 조그맣게 실린 기사의 제목이다. 여성복지과 아동보육팀 차석으로 일할 때, 1회 추경에 '부천시아동학대상담센터 설치'를 위해 예산을 상정했다. 처음에는 아동학대에 대해 별 관심이 없던 과장님도 몇 달간의 끈질긴 나의 설득에 적극 공감해 주었고, 나중에는 센터설치를 위한 예산확보를 위하여 시의원들에게 참으로 열심히 예산안을 설명했다.

2000년 친부의 무관심과 계모의 학대로 인해 매와 굶주림으로 사망한 영훈이 남매 사건이 사회적으로 이슈화되었다. 그 사건은 우리 사회에 '아동학대'라는 단어를 자리매김하게 했고, 그 사건의 발단으로 보건복지부 아동정책과에서는 1391이라는 상담전화를 설치하면서, 학대받는 아동을 위한 보호기관을 만들기 시작했다. 하지만 아직 광역단체 수준의 기관이 설치될 뿐이었고, 기초자치단체까지는 상담소가 설치되지 않았다. 영훈이 남매 사건의 충격으로 한동안 가슴이 서늘했었던 나는 내가 일하는 부천에 학대아동보호를 위한 상담소를 설치하고자 마음먹었다.

지역사람들과 함께 차근차근 아동학대상담소 설치를 위한 준비를 진행해 나갔다. 위탁기관인 대학에서는 센터설치를 위한 장소를 제공하고, 시에서는 전문상담원 인건비와 관리비를 지원하도록 계획을 세웠기 때문에 처음 운영을 시작하는 '부천시아동학대상담센터' 예산은 3천만 원 정도였다.

그런데 그 예산항목에 시의원들이 과감히 줄을 그어버린 것이었다. 하긴 당시에 전국 어느 지방자치단체에도 아동학대상담센터가 설치된 곳은 없었다. 하지만 다른 지역에 설치되지 않았다고 해서, 부천시가 제일 먼저 설치하면 안 된다고는 생각하지 않았다. 사람이 살아가는 데 꼭 필요한 것들은 힘이 들더라도 누군가는 먼저 시작하는 사람들이 있어야 하니까.

그런데 엉뚱하게 도움을 주는 사건이 발생했다. 연합통신 기자가 취재를 위해 의회기록을 보다가 학대아동을 위한 예산 삭감 항목을 발견했고, 중앙일보에 보도가 된 것이다. 사실 시의원 개인노트북 구입 예산 확보와 아동학대상담센터 설치 예산 삭감은 3천만 원이라는 금액은 같았지만, 아무 관련이 없는 예산항목이었다. 하지만 기자들의 취잿거리로는 달콤했을 것이 분명하다.

"2회 추경 때 아동학대상담센터 설치예산 올려요. 세워줄 테니."

예산 삭감에 주요 역할을 했던 시의원은 계장님과 나를 의회로 호출했다. 화를 내지는 않았지만, 불편한 심기를 그대로 드러내며 그렇게 이야기했다. 우리는 다시금 일사천리로 일을 진행해 나갔다. 어차피 예산은 세워질 것이고, 급하게 준비하느라 부족했던 부분들에 대해서 민간 사회복지사들과 다시금 점검을 시작했다.

아이들에게는 선거권이 없다. 비록 소수의 인원이 참석하더라도 노인 행사에는 초청하지 않아도 많은 정치인들이 참석하지만, 수백 명의 어린이 행사에는 대부분의 정치인들이 관심을 가지지 않는다. 그래서 우리 공무원이 아이들 권리의 대변자가 되어야 한다.

그 이후 상담센터 운영을 위해서는 매년 1억 원의 예산이 소요되었다. 하지만 1년에 한 명의 학대아동이라도 우리가 발견해서 보호하고 치료해 줄 수 있다면, 그것은 절대로 아까운 예산이 아니라고 생각한다. 이후 전국적으로 아동보호전문기관이 설치되면서, 부천에는 시흥, 광명 등을 관할하는 아동보호전문기관이 설치되었다.

예전에 비해 학대아동 신고 건수는 엄청나게 늘어났다. 당초 세 명의 상담원으로 시작했던 센터는 현재 13명의 전문상담원이 근무하고 있다. 365일 24시간 운영되는 아동보호전문기관에는 말이나 글로 표현하기 어려울 만큼의 학대신고가 들어오고 있다.

어떻게 하면 학대아동이 없는 세상이 될 수 있을까?

다 같이 돌자 동네 한 바퀴!

5월 5일 고강어린이공원에서 어린이날 행사가 끝났다. 사회복지사들은 하루종일 수백 명의 아이들과 어린이날 행사를 진행하느라 힘이 들었는데, 뒷정리는 더욱 힘든 일이었다. 이제부터 고강복지관 사회복지사들은 행사에 사용되었던 책상, 의자, 음향기기 등을 날라야 하는데, 차가 없었기 때문에 밀대에 실어서 나르느라 낑낑거리는 중이었다. 그런데 웬 낯선 남자가 포터 트럭을 공원 옆에 세우더니 무거운 책상과 의자들을 트럭에다 척척 실어서 복지관까지 날라주는 것이었다.

"아저씨 고맙습니다. 트럭으로 나르니 정말 빠르네요. 그런데 누구세요?"

아저씨는 무거운 물건들을 차에 실으며 이야기를 시작했다. 초등학생 아들과 둘이서만 사는 아저씨는 건축 일을 하기 때문에 주말이나 공휴일에는 더욱 바빴다. 엄마의 보살핌 없이 아들을 키우지만, 그래도 먹을 것, 입을 것은 열심히 챙겨주었다. 하지만 무슨 기념일이 되면 제일 마음이 아프다고 했다.

“며칠 전부터 아들이 기분이 들떠 있더라고요. 왜 그러냐고 물으니 고강복지관 어린이날 행사에 갈 것이라 그렇대요. 작년에 공원에서 하는 복지관 어린이날 행사가 정말 재미있었다고 그러더라고요. 친구들과 같이 얼굴에 그림도 그리고, 또뽑기도 하고, 제기차기를 하면, 무슨 표를 주고, 그러면 그 표로 떡볶이도 사먹고… 그래서 오늘은 일을 좀 덜 하더라도 일찍 끝내고 와서 짐 나르는 것이라도 도와주고 싶었어요.”

어린이날 행사를 끝낸 복지관 사회복지사에게 들은 이야기였다.

부천에서는 2001년부터 지역별 어린이날 행사가 열린다. 처음 시작은 이랬다. 어린이날 행사 보조금을 복지관별로 200만 원씩 지원하는 사업계획을 세웠다. 부천에 있는 8개 복지관 중에서 지역별로 4개 복지관을 선정하겠다는 프로그램 응모공문을 보냈다. 부천에 있는 8개 복지관 모두 프로그램 공모신청을 했고, 우리는 그중에서 지역별 안배와 프로그램을 고려해서 4개 복지관을 선정했다.

복지관에 보조금을 교부하고 계장님과 함께 어린이날 행사장을 모두 방문했다. 심곡복지관은 지역단체의 후원으로 참가한 아이들에게 흰색 티셔츠도 모두 주었고, 건물 전체를 행사장으로 사용했다. 원종복지관은 복지관 마당에서 아이들과 재밌는 행사를 진행했다. 고강복지관은 복지관 앞 어린이공원에서 어른들까지 함께 하는 ‘다 같이 돌자 동네 한 바퀴!’라는 제목의 어린이날 행사를 진행하고 있었다. 200만 원의 보조금 지원행사가 지역후원, 전문 인력 참여 등으로 각 복지관별로 1,000만 원이 훨씬 넘는 행사로 진행되고 있었다.

시청에 근무하던 2003년까지 나는 매년 어린이날 행사를 방문했다. 매년 반복되는 행사였지만, 아이들이 즐거워하는 모습을 보면서 가슴이 떨렸던 기억이 지금도 생생하다. 그때 어린이날 행사는 지금도 ‘다

같이 돌자 동네 한 바퀴!'라는 제목으로 부천의 모든 복지관에서 진행하고 있다.

이렇게 부천만의 특색 있는 어린이날 행사를 계획하고 진행하게 된 사연을 이야기하고 싶다. 2000년 당시 부천에는 신고하고 운영하던 18개의 방과후 공부방이 있었다. 하지만 시설 및 자격 등 적절한 신고기준을 갖추지 못하고 운영하는 미신고 공부방도 있었기 때문에 보건복지부에서는 미신고 공부방에 대한 조사공문을 보냈다.

그렇게 해서 나는 오쇠리 공부방에 가게 되었다. 그런데 오쇠리 공부방은 도저히 공부방이 있을 것이라고 생각되지 않는 곳에 있었다. 공부방 건물외벽의 페인트는 거의 벗겨져 있었으며 입구로 들어가는 문도 반쯤은 떨어져 있었다. 주위에 있는 몇 채의 집에는 사람이 살지 않는 것처럼 보였다. 당시 그 지역은 김포공항의 소음으로 인해 대부분의 사람들이 보상금을 받고 이사 가버린 철거민촌이었다. 그곳에 있는 작은 교회의 목사님이 아직 이사 갈 형편이 되지 않은 가정의 아이들 십여명을 데리고 방과후 공부방을 운영하고 있었다. 철거민 촌의 황량한 바람은 덜컹거리는 문과 깨진 유리창을 흔들어 댔다. 아직 이른 봄이어서 더 썰렁했을지도 모르지만, 차가운 마룻바닥에서도 아이들은 목사님에게 매달리며 뛰어놀고 있었다. 목사님과 얼마간의 대화를 나누고, 그곳을 나왔지만 시청으로 돌아오는 차 안에서 나는 우울했다. 실제로는 다른 방과후 공부방보다 훨씬 더 열악하지만 미신고 시설이기 때문에 보조금을 지급할 수 없다는 사실에 더욱 답답해졌다.

당시 부천에는 어린이날에 별다른 행사를 하지 않았다. 처음 계획을 세울 때는 많은 고민을 했었다. 시청 앞 중앙공원에서 대대적으로 어린이날 행사를 진행한다면, 부천의 중심지에 사는 아이들은 가족들과 함께 와서 재밌고 신나는 어린이날을 지낼 수 있을 것이다. 하지만 부천의 변두리 지역에 사는 아이들은 그럴 수 없을 것이다. 하지만 나는 진정으로 아이들을 위한 어린이날 행사를 만들고 싶은 욕심에 오랜 시간 어린이날을 위한 계획에 골몰했었는데, 그 과정에서 갑자기 김포공항 소음으로 인한 철거지역의 오쇠리 공부방 아이들이 생각났다. 페인트칠이 다 벗겨져 버리고, 반쯤 떨어진 문도 덜렁거리던 오쇠리 공부방 아이들도 올 수 있어야 한다.

'오쇠리 아이들도 참여할 수 있는 어린이날 행사를 만들어 보자!'

그렇게 해서 처음으로 부천에서는 지역별 어린이날 행사 프로그램이 시작되었다. 부모님이 함께 갈 수 없어도 친구들과 함께 어울려서 어린이 축제에 참여할 수 있도록 계획을 세웠고, 오쇠리 공부방 아이들은 목사님과 함께 걸어서 고강복지관 어린이날 행사에 참여할 수 있었다. 그래서 14년이 지난 지금도 5월 5일 어린이날에는 부천의 모든 복지관이 어린이날 축제를 한다. 복지관 건물 전체가 어린이 축제장으로 바뀌기도 하고, 근처에 공원이나 산이 있는 복지관은 야외에서 수백 명의 어린이와 가족들이 함께 모여서 어린이날 축제를 한다.

아하! 정말 좋다.

부천에 장애아동이 늘어나요

장애아를 키우는 부모의 가장 간절한 소망은 '내 아이가 보통 아이들과 함께 살아갈 수 있게 되는 것'이다. 하지만 실제로 장애아동을 키우는 부모들의 마음을 진심으로 헤아리는 것은 쉽지 않다. 많은 장애아동의 부모들은 관공서에 찾아와서 이야기를 하다가도 쉽게 상처를 받아 화를 내거나 국가의 장애아동 정책에 심하게 불만을 표현하기도 한다. 처음에는 선의의 감정으로 대화를 진행하다가도 갑자기 버럭 화를 내기도 하는 그들을 온전히 이해하고 받아들이는 일은 사회복지공무원인 우리에게도 결코 쉬운 일은 아니었다.

당시에도 그랬다. 부천시에도 장애아동을 위한 장애통합어린이집은 거의 없었고, 단지 장애인복지시설인 혜림원 내에 장애전담어린이집이 한 개 있을 뿐이었다. 정부에서 운영비와 인건비를 지원받는 공립어린이집이나 법인어린이집도 장애전담 보육교사 채용이 어렵고, 특별한 교재교구가 필요하고 장애전담교사를 채용해야 하는 장애아 통합반을 운영하지 않으려고 했다.

장애통합어린이집을 늘리기 위한 기술적 방법이 필요했다. 우선 맨 처음 공립어린이집 위탁 시에 장애통합반을 운영하겠다는 신청자에게 가점을 부여하도록 위탁계획서를 발표했다. 평소에는 운영이 어려워서 장애통합반 설치를 꺼려하던 어린이집 원장들도 공립어린이집 위탁을 받기 위해서 기꺼이 장애통합반 운영계획서를 작성하여 신청하였고, 차츰 부천시에는 장애통합보육시설이 늘어갔다.

도구가 준비되면 이제는 내용물이 주어져야 한다. 장애통합반을 운영하는 어린이집 원장님들과 몇 차례 간담회를 가지면서, 장애통합 프로그램 개발이 필요하다는 것에 의견을 모았다. 필요하면 만들어 내면 된다는 것이 우리들 생각이었다. 그래서 우리는 장애통합보육시설을 중심으로 장애통합보육 프로그램 경진대회를 개최할 것을 결정했고, 담당자인 나는 계획을 수립했다. 장애통합반을 담당하는 교사들은 밤늦게까지 장애아동을 위한 창의적인 교재교구와 프로그램을 개발해 냈다. 시청 대회의실에서 열린 통합보육 프로그램 경진대회 날은 우리 모두에게 잔칫날 같았다. 장애아를 위해 좋은 교재교구를 만든 교사에게는 시장 표창과 부상을 수여했고, 경진대회는 매년 개최되었다.

공립어린이집에 장애통합반을 운영하고, 우수한 장애보육 프로그램이 보급되면서 부천시에는 장애아동을 가진 부모들이 이사를 온다고 했다. 장애통합반을 운영하는 송내동에 있는 유진어린이집에는 장애아 자녀가 있는 의사아빠가 부천으로 이사를 와서 아이를 어린이집에 보낸다고 했다. 자신의 아이를 교육시킬 수 있는 곳이 없어 매우 힘들었는데 이렇게 좋은 어린이집에 보낼 수 있어 매우 감사하다며, 100명이 넘는 어린이집 원아의 건강검진을 모두 무료로 해주기도 했단다.

그러면서 나는 장애아를 키우는 부모들을 더 자주 만나게 되고 제대로 소리 내지 못하는 그들의 아픔을 조금은 더 이해할 수 있게 되었다. 장애아동을 키우는 일은 일반 아이들보다 훨씬 더 힘이 든다. 하루종일 아이를 돌보아야 하기 때문에 엄마들은 일을 할 수 없으며, 아이를 미술학원 같은 곳에 보내기도 어렵고 설사 보낸다고 해도 언제 사고를 일으킬지 몰라 항상 죄를 진 것 같아 불안하다. 또한 장애아동의 조기치료를 위한 치료비용은 엄청나게 비쌌다.

우리가 해야 할 일이 무엇이 있을까 생각해 보았다.

정답이 나왔다! 장애아동을 위한 보육료 지원이었다. 지금은 아동무상보육이 전면 실시되고 있지만, 당시에는 법정저소득가정의 아동에게만 보육료가 지원되던 시절이었다. 또다시 어린이집 원장님들과 한 가지씩 준비해 나갔다. 시의원, 장애아동 부모, 교수, 장애통합보육시설 원장이 토론자로 참여하는 세미나도 개최했다. 신규 예산을 수립할 때 시의원의 도움은 필수적이기 때문에 시의원은 매우 중요한 인물이었다. 그렇게 해서 부천시는 전국 최초로 장애아동을 어린이집에 보낼 경우, 시에서 보육료의 50%를 지원할 수 있게 되었고, 1년 예산은 2억 정도였다.

그런데 당장 난리가 났다. 어느 신문인가에 조그맣게 기사가 나왔고, 장애아동 학부모들의 조직적인 연락망 덕에 여러 곳에서 민원이 제기되었던 것이다. 당시 보건복지부 보육담당 사무관에게 전화가 왔다. 담당 사무관은 내게 그동안의 과정을 상세히 물었고, 바로 그 다음 해에 장애아동 보육료지원 사업은 국비사업으로 전환되었다. 처음 시작해서 1년도 되지 않은 부천시사업이 바로 국가사업으로 전환되어 조금 서운하긴 했지만 자녀양육에 지친 장애아동 부모들에게 작은 보탬이 되었으니, 참으로 다행한 일이었다.

2002년 부천시에서 처음으로 시작한 장애아동 보육료 50% 지원 사업은 2003년부터 보건복지부에서는 어린이집을 이용하는 장애아동 모두에게 보육료 전액을 지원하는 국비사업으로 전환되었다.

작은 움직임이 세상을 변화시키는 큰 파장으로 바뀌는 것을 '나비효과'라고 하던가? 누가 처음 시작했는지, 어떤 이가 가장 고생했는지 알려지지도, 알려고도 하지 않지만, 우리들의 작은 노력이 누군가를 도울 수 있는 씨앗이 되었다는 것에 만족하고 행복하다.

보건복지부에 팩스로 보낸 방과후 교사 지원계획서

공공근로 배정계획에서 툭하면 빠져버리는 방과후 교사 공공근로인 건비가 이번에도 또 빠져버렸다. 나는 공공근로 배정계획서를 들고 9층 실업대책과로 뛰어 올라갔다.

"주사님, 방과후 공부방 애들은 어떡하라고 또 빼버려요? 안 돼요!"

IMF 이후 실업자가 늘어나면서, 지역에는 결식아동을 위한 방과후 공부방 급식소가 생기기 시작했다. 작은 개척교회에서 운영하는 공부방, 부천시민연합에서 만든 공부방, 순수한 마음으로 어려운 아이들을 돕겠다고 시작한 민간공부방도 있었다. 방과후 공부방에서는 빈곤가정 아이들을 위한 급식을 제공했고, 부모의 보살핌이 부족해서 학교 적응이 어려운 아이들에게 학교 숙제도 같이 해주고, 저녁 늦게까지 여러 가지 돌봄을 제공했다.

당시 국가에서는 넘쳐나는 실업자 구제를 위한 공공근로 사업을 전국적으로 확대하였는데, 방과후 공부방 교사도 공공근로자로 파견했다. 그런데 담당자가 바뀌거나 예산이 조금만 줄면 방과후 교사 인건비(공공근로)를 삭감했기 때문에, 나는 그때마다 실업대책과 공공근로 담당자와 큰소리로 실랑이를 벌였다.

지난 분기에는 공공근로가 파견되었다가, 이번 분기에는 중단되면 도대체 아이들은 어쩌란 말인가? 평소 안면이 있는 담당 주사님은 나의 화난 목소리에 얼굴이 붉어진다. 공공근로를 요구하는 부서가 많고, 예산은 한정되어 있으니, 그쪽에만 계속 지원하는 것은 어렵다는 등 여러 가지 이유를 대지만, 그건 어림도 없는 일이었다. 잠깐 중지해도 되는 사업이 있고, 그렇지 않은 사업이 있기 때문이다. 계속되는 나의 협박과 하소연에 담당 주사님은 추가로 배정하겠다고 약속을 했고, 그런 후에야 나는 그 자리를 떠났다.

장기적인 대책이 필요했다.

지역에서 방과후 공부방을 운영하고 있는 부천시민연합 회원들, 공부방 대표들과 함께 아이들을 안전하게 보호할 수 있는 방안 마련을 위해서 만나서 이야기하고 고민했다. 그리고 우리는 시민공청회를 마련하기로 했다. 부천에서 아이들과 관련된 일을 하는 사람들이 모두 모일 수 있도록 자꾸만 소문을 냈다. 시의원을 만나면 이야기하고, 복지관 관장을 만나서도 협조를 요청했다. 어려운 아이들을 돕고 싶은 마음이 있는 사람들이 모두 모여서 아이들을 위한 방안 마련을 위해서 좋은 의견을 나누는 자리를 만들었다. 복지위원회 소속 시의원도 토론자로 참석하도록 요청했다. 시의원은 예산확보에 아주 중요한 역할을 하기 때문이다.

우리들은 그렇게 방과후 공부방 교사인건비 지원을 위한 예산 확보에 한걸음씩 나아가고 있었다. 18개 공부방에 25명의 교사 인건비 확보에는 여러 가지 문제가 있었다. 시에서 직접 인건비를 지급할 경우, 추후에 고용과 계약에 대한 문제발생의 우려가 있었기 때문이었다. 그래서

인건비를 운영비로 이름을 바꾸었지만, 운영비는 교사인건비와 4대 보험 가입에 사용할 수 있도록 지원계획을 수정해서 진행했다.

그렇게 해서 세워진 1년 예산이 2억 원이었다. 공공근로 수준의 인건비, 4대 보험 가입비, 시설별 30만 원의 운영비 지원 등이 예산항목이었다. 교사 인건비라고 말하기에는 너무 적은 금액이었지만 분기별로 교사지원이 중지될까 봐 걱정하지 않아도 되었기 때문에 우리들은 모두 함께 기뻐했다.

그런데 갑자기 소란스러워졌다. 방과후 공부방은 전국적인 연합회 조직을 가지고 있었기 때문에 전국 최초로 부천시에서 시작한 방과후 공부방 교사인건비 지원사업은 커다란 사건이 되었다. 당시 성남시 김모 시의원은 내게 몇 번씩 전화를 해서 그동안의 과정과 계획서를 요구했고, 대전시청, 하남시청 등 몇 개 지방자치단체에서 부천시를 방문해서 그동안의 과정을 벤치마킹했고, 계획서를 복사해 가지고 갔다.

그리고 또 한 번의 보건복지부 담당 사무관의 전화를 받았는데, 지금도 짜증스러운 목소리가 생생하다.

"계획서 세운 것 좀 팩스로 넣어봐요."

우리가 혼자 할 수 있는 일은 그리 많지 않다. 생각은 홀로 할 수 있지만, 행동은 함께 해야만 한다. 그래야 기대한 것보다 훨씬 좋은 성과를 거둘 수 있다.

2003년부터 부천시에서 처음 시작한 방과후 공부방 지원사업은 2004년 아동복지법 개정의 기초가 되었으며, 지역아동센터 운영비 지원은 2006년부터 국비사업으로 변경되어 전국적으로 시행되었다. 2014년 현재 지역아동센터는 전국 3,989개소, 경기도 725개소, 부천시에는 62개소가 있다. 이곳에서 부모의 돌봄이 부족한 아이들, 다문화가정 아이들,

결손가정의 아이들이 친환경급식과 방과 후 교육과 보호를 받고 있으니 참으로 고마운 일이다.

Chapter 9

함께해서 따뜻한 세상

컵라면 다섯 개만 드릴게요

어느 날 한 노인이 우리 동으로 전입을 왔다. 노인은 그동안 서울에서 기원을 하는 친구 가게에서 조금씩 일을 도와주며 살았는데 그 친구가 부천으로 기원을 옮기게 되어 함께 따라왔다고 했다. 물론 노인은 따로 사는 집이 없었으므로 그 기원에서 숙식을 해결한다고 했다. 노인은 가족이 전혀 없는 것은 아니었지만 가족관계 단절이 인정된 것을 보면 그동안의 세상살이가 얼마나 힘들었을까 싶다.

노인은 기초생활수급자로 보호를 받는 대상자였다. 하지만 친구 가게에서 무료로 살기 때문에 기초생활수급자 생계비에서 주거비가 삭제되고, 기원에서 일을 하므로 적은 금액이지만 근로소득도 산정되어 매월 지급되는 생계비는 20만 원도 되지 않았다. 노인은 생계비가 지급되는 20일에는 가끔 동 주민센터에 찾아와서 생계비가 너무 적어 생활하기가 힘들다고 이야기했지만 심하게 화를 내거나 크게 불평한 적은 없었다.

일을 하다 보면 우리를 편안하게 해주는 민원인에게 소홀한 것은 사실이다. '우는 아이 젖 준다'는 속담처럼 사무실에 찾아와 소란을 피우는 사람들에게 더 신경을 쓴다. 노인에게 지급되는 너무 적은 생계비가 마음에 걸리기도 하고, 새로 전입한 기초생활수급자의 생활실태 파악을 위해 노인이 사는 기원으로 가정방문을 나갔다. 말이 기원이지 바둑판 몇 개 놓여 있고 담배냄새 찌든 아주 작고 지저분한 곳이었다. 한쪽 구석에 놓인 간이용 침대가 노인의 잠을 해결해 주는 곳이었고, 그 옆의 작은 싱크대 하나가 부엌의 전부였다. 그렇다고 일하는 것이 확실하고 전입 오기 전에 거주하던 동 주민센터의 담당 공무원이 확정한 소득을 무조건 삭제시킬 수는 없는 노릇이었다.

그러던 어느 날, 친구가 운영하는 기원이 문을 닫게 되었다며 노인이 동 주민센터에 찾아왔다. 한 달 후에는 그곳을 나가야 하는데 당장 갈 곳이 없다고 했다. 우리를 찾아오는 많은 사람들의 모습이긴 하지만, 갑갑한 마음을 억누를 수 없다. 가끔은 그들의 입장이 아닌 내 생각만으로 화가 나기도 한다.

도대체 어떻게 살았길래 육십이 넘은 나이에 갈 곳조차 없단 말인가? 물론 이렇게 생각하는 것이 얼마나 오만한 일인지 바로 깨닫긴 하지만 말이다. 또다시 고민이 시작된다. 기초생활수급자 생계비에서 무료임차비와 근로소득을 공제하면 생계급여는 올라가지만, 이 노인은 당장 갈 곳이 없다. 막막했지만 이 노인을 위하여 당장 해줄 수 있는 일이 없었다. 그렇게 한 달쯤 지나 노인이 동 주민센터에 오셨다. 기원이 문을 닫아서 어젯밤에 찜질방에서 잠을 잤단다. 오늘도 노인은 거리를 헤매다가 날이 어두워지면 다시 찜질방으로 가게 될 것이다. 며칠이 지나면 찜질방에 갈 돈도, 밥을 사먹을 돈도 다 떨어지게 될 텐데…

그런데 '휘릭' 하고 이 노인을 지원할 수 있는 방안이 떠올랐다.

긴급한 위기상태에 처한 가정에 무한돌봄성금 50만 원을 신청할 수 있는 제도가 있다는 것이 너무나 고마웠다. 참으로 다행한 일이었다. 몇 가지 서류와 신청서, 담당자 의견서만 제출하면 되는데, 마침 연말이라 예산이 모두 소모되었을까 걱정이 되었다. 얼른 시청 담당자에게 알아보니 아직은 조금 남아 있다고 한다.

고맙다! 이런 게 정말 고마운 것이다. 나는 중얼중얼 혼잣말을 하며, 서류를 작성하기 시작했다.

"할아버지, 컵라면 다섯 개만 드릴 테니 다 드시면 또 오세요. 이 한 상자는 모두 할아버지 것이니 미안해하지 않으셔도 돼요."

나는 동 주민센터 창고에서 컵라면 5개를 검정 비닐봉투에 담아 할아버지에게 드렸다. 찜질방이 집인 노인이 컵라면 한 상자를 들고 다닐 수 없을 테니 말이다. 마침 연말이라 교회에서 후원품으로 컵라면 30상자를 보내주었는데 이렇게 요긴하게 나눌 수 있으니 또다시 고마웠다. 나는 할아버지가 고시원 보증금으로라도 사용할 수 있도록 50만 원의 무한돌봄성금을 신청했다. 일주일 후에 할아버지 통장으로 50만 원이 입금될 것이라고 말씀드렸더니, 갑자기 할아버지의 눈이 붉어지신다.

"내가 주사님 은혜는 잊지 않을 것이요. 그래도 친구들이 서울에 많이 사니 그리로 가려고 해요. 내 정말로 잊지 않겠소."

할아버지는 전출 나가시기 전에 다시 한 번 동 주민센터에 찾아오셨다. 원래 말수가 적은 노인이라 몇 마디 않고 가셨지만, 할아버지의 마음을 알 것 같았다. 얼마 후 서울에서 잘 지내고 있다고 전화를 하셨다. 고맙다는 마음을 표현하고 싶으신 것이리라.

사회복지공무원은 참으로 좋은 직업이다. 조금만 더 찾아보고, 조금만 더 수고하면 너무나 힘들어서 죽고 싶은 사람들에게 삶의 희망이 될 수 있으니 말이다.

어린이집에서 정말 중요한 주방 선생님

붕어빵은 붕어가 주인공이 아닌 따끈한 단팥이 주인공이지만, 어린이집은 어린이가 주인공이다. 물론 어린이집에는 어린이들을 위해서 보육교사도 있고, 원장님도 있다. 하루종일 교육과 보호를 병행한 프로그램이 교사의 주도로 진행된다. 물론 총괄적인 관리는 원장님의 몫이다. 구청이나 시청에서는 아이들을 위해서 일하는 원장이나 보육교사들을 위해서 일 년에 1~2회 정도 표창장을 주기도 하고, 연말이면 '보육교사의 밤' 같은 행사도 개최한다.

나는 오랫동안 보육업무 담당을 해왔기 때문에 어린이집에 관련한 일에는 전문가로 자처하는 편이다. 어린이집을 방문했을 때, 교사들이 밝고 활기차게 행동한다면 그것은 원장님이 교사들을 인격적으로 대우하고 아이들을 많이 사랑하고 있다는 증거임이 분명하다. 그와 반대로 교사들이 지나치게 눈치를 보거나 주눅들어 있는 모습을 보인다면 그 어린이집의 원장님의 운영방식이 권위적이고 독선적일 확률이 매우 높다. 그래서인지 아이들의 활동적이고 밝은 모습에서도 원장님의 운영철학이 확연히 드러난다.

사회복지업무 중에 3D업종이라고 할 만큼 보육은 민원이 많고 힘든 업무다. 어린이집에 아이를 보내는 엄마들의 항의성 민원도 많고, 원장들의 민원도 있고, 가끔은 보육교사들의 고발성 민원도 있다. 담당 공무원들은 1년에 한두 번 정도 어린이집 점검을 나간다. 회계나 보육 프로그램, 교사의 자격 여부와 같은 것들을 지도 점검하지만, 아동급식과 관련해서 식단과 위생, 음식재료의 유통기한 등도 중점 점검항목이다.

하지만 중요한 것이 빠져 있었다. 보육시설을 점검할 때에는 철저히 지도 점검하는 급식에 대해서는 지지와 칭찬이 빠져 있었다. 아이들이 아침에 등원을 하면 아침활동을 조금 하다가 10시쯤 아침 간식을 먹는다. 아침을 먹지 못하고 일찍 오는 아이들을 위해서 영양죽을 준비하는 어린이집도 있다. 그리고 12시에 제공하는 점심식사, 하루종일 뛰어 노는 아이들을 위해 3시 정도에 오후 간식이 마련된다. 엄마가 늦게 데리러 오는 아이들을 위해서는 저녁식사까지 준비되어야 하는 경우도 많다.

이 모든 것들을 준비하는 사람이 어린이집 주방 선생님이다. 지금이야 조리사 자격증이 없으면 어린이집에 취업할 수 없지만, 몇 년 전까지만 해도 40명 이하의 어린이집에는 '아줌마'면 누구나 조리사로 일할 수 있었다. 원장님이나 보육교사와 마찬가지로 주방 선생님도 하루종일 아이들을 위해서 일을 하는데, 이들을 위한 격려나 지지 프로그램은 없었다.

어린이집 원장님들과 함께 생각을 모았다. 그래서 만들어 낸 것이 〈제철재료를 이용한 아동식 만들기 경연대회〉였다. 식품영양학과 교수님, 어린이집 원장님, 공무원, 보호자가 심사위원이 되는 요리 경연대회는 부천시청 3층 대회의실에서 성황리에 열렸고, 행사가 끝나고는 잔칫상이 차려졌다.

항상 어린이집 주방에서만 일하던 조리사들이 열과 성의를 다해 만든 요리를 가지고 시청으로 모였다. 평소와는 달리 예쁘게 옷을 차려입은 주방 선생님들의 얼굴은 발갛게 상기되어 있었다. 심사위원에게 본인이 만든 요리가 제철재료를 사용했으며, 영양과 맛이 좋으며 아이들이 맛있게 잘 먹는 것에 대해 열심히 설명했다. 모두에게 상을 줄 수는 없었지만 수상자에게는 시장님 표창장과 부상품이 주어졌다. 물론 참가한 모든 주방 선생님들에게는 기념품으로 따뜻한 가죽장갑을 선물했다.

보육담당 부서를 떠난 지 10년쯤 지난 어느 날 출근을 하다 오정구청 정문 앞에 붙어 있는 '보육시설 아동을 위한 요리경연대회 개최' 현수막을 보았다.

정말 기분 좋은 상쾌한 아침이었다!

행복도시락 이야기

사람이 살아가는 데 가장 필요한 것이 의식주이다. 세 가지 중 무엇이 더 중요하고 그렇지 않은 것을 이야기하는 것은 어리석은 일이지만, 나는 지금 '먹는 것'에 대해서 이야기하고자 한다.

1997년 말 IMF가 터지면서 지역 곳곳에 결식아동 급식소가 생겨났다. 부모가 실직하거나 경제적 파탄으로 부모가 가출한 가정의 아이들을 위해서 정부에서는 결식아동 급식비를 국비예산으로 세웠고, 지방자치단체에서는 아이들이 밥을 굶지 않도록 여러 가지 방법으로 급식비를 지원하고 있었다.

동 주민센터에서는 식권을 발급해서 아이들에게 주었고, 동에서 지정한 몇 군데의 식당(한식집, 중국집, 분식점 등)에서는 아이들에게 식권을 받고 밥을 주었다. 아이들에게는 1인당 매일 2~3매의 식권이 발급되었는데, 소소한 일상을 챙겨주는 부모가 없는 아이들이 끼니 때마다 식당에 가서 밥을 제대로 챙겨 먹는 것을 기대하는 것은 무리한 일이었다. 당시 3,500원짜리 식권 10장을 모아서 식당에 가지고 가면, 식당 주인이 2만 원을 준다는 소문, 식권을 여러 장 모아서 대여섯 명의 친구들과 같이 탕수육 같은 중화요리를 한 번에 먹어버린다는 소문, 결식아동 급식 식당으로 지정받으면 식당을 매매할 때 권리금이 올라간다는 소문이 떠돌았다.

지역자활센터에서는 자활사업의 일환으로 결식아동 도시락 배달을 시작했지만, 음식부패 우려, 전달의 불리함, 책임문제 등으로 인해 구청 사회복지과에서는 도시락 배달 지정을 꺼렸다. 2006년 6월 오정구 사회복지과로 발령을 받았을 때, 나눔지역자활센터에서는 겨우 20명 정도의 아이들에게만 도시락 배달을 하고 있었고, 나머지 200여 명의 아이들은 분식집에서, 중국집에서 식권을 내고 밥을 먹고 있었다.

밥은 집에서 가족과 함께 먹어야 한다. 물론 그렇게 할 수 없는 경우가 많지만, 그렇게 할 수 있도록 공무원의 노력이 필요하다는 생각이 들었다.

나는 계장님과 함께 나눔지역자활센터에서 운영하는 행복도시락센터를 방문했다. SK그룹 사회지원센터에서 1억 원의 시설설치비와 영양사 인건비를 지원받은 행복도시락센터는 아이들의 영양을 고려한 음식을 위생적으로 만들고 있었다. 3찬 1국, 우유나 과일 등의 간식을 포함해서 매일 오전에 만들어진 도시락이 배달되고 있었다. 하지만 아무리 5대 영양소가 고루 들어 있는 도시락을 만들어도 배달할 곳이 너무 적었다.

나는 동 주민센터 사회복지공무원들이 행복도시락센터를 견학할 수 있도록 자활센터에 협조를 요청했다. 동 주민센터 현장에서 아이들과 직접 만나는 공무원들이 아이들에게 도시락을 선택하도록 권하는 것이 가장 중요한 일이기 때문이었다. 영양사가 직접 식단을 짜고 하얀 위생복을 입은 조리사가 정갈하게 아이들을 위한 도시락을 만드는 현장을 직접 견학한 공무원들의 마음이 조금씩 움직이기 시작했다. 또 한 가지 문제가 남아 있었다. 매일 배달하는 도시락을 아이들이 직접 전달받을 수 있도록 해야 한다는 것이었다. 집에 아이들이 없다고 해서 그냥 문 앞에 도시락을 두고 오는 것은 좋지 않은 방법이었다.

'도시락을 배달할 때 아이들이 직접 전달받을 수 있어야 합니다.'

급식을 필요로 하는 200여 명의 오정구 지역 아이들의 점심과 저녁을 책임져야 하는 자활센터에 요구한 가장 중요한 계약내용이었다.

지역자활센터에서 일하는 사람들은 노동이 가능한 기초생활수급자이거나 차상위대상자이다. 혼자 사는 사람들도 있지만, 그들도 집에 돌아가면 자녀들을 보살펴야 하는 가장들이다. 내 자식들과 비슷한 상황의 어려움에 처해 있는 아이들에게 따뜻한 도시락을 배달하는 일은 행복한 자활사업이었다. 다마스 같은 조그만 승합차에 도시락을 잔뜩 실고 좁은 골목길을 누비는 행복도시락이 동네에 들어서면 아이들이 모여들었다. 밥을 받지 못하면 꼼짝없이 굶어야 하기 때문이다. 혹시 나타나지 않는 아이들이 있으면, 그 지역을 돌다가 한 번 더 아이의 집을 방문했다.

남매가 사는 집에는 점심과 저녁 네 끼가 배급된다. 엄마가 없지만 아이들은 둘이서 함께 밥을 먹는다. 멸치볶음도 있고, 콩나물 무침도 있는 맛있는 반찬을 남매가 먹다 보면 밤늦게 집에 오는 엄마가 생각났다. 그래서 남매는 늦게 돌아오는 엄마를 위해 반찬을 남겨서 냉장고에 넣어둔다는 이야기를 들었을 때, 갑자기 눈물이 나왔다.

그래, 이래야 가족이다!

불고기를 실컷 먹어보고 싶어요

매년 5월이 되면 소년가정아동, 시설아동, 가정위탁아동들과 부천에 있는 기업들이 부천상공회의소에서 모여서 자매결연행사를 한다. 한 개의 기업이 다섯 명의 아동과 결연을 맺고 1년간 후원금을 지원해 주는 행사다. 하지만 공무원인 우리도 자매결연 행사에 아이들을 데리고 나가는 일은 그리 즐거운 일은 아니었다.

아이들은 함께 사는 조부모나 담당 공무원, 시설 선생님들의 독촉과 강요에 못 이겨 할 수 없이 따라온다. 그래서인지 평소에는 너무나 좋아하는 과자와 음료수였지만, 자매결연식장 테이블에 놓여 있는 다과도 그리 맛있지 않았다. 게다가 축사를 하는 높은 사람들은 왜 이리도 많고 무슨 말인지 잘 알아들을 수도 없는 인사말은 왜 이리 길게 하는지 정말 짜증나는 일이었다.

하지만 자매결연행사장에 주인공인 기업인과 아이들이 빠진다면 앙꼬 없는 찐빵이 되기 때문에 어쩔 수 없는 일이었다. 요즘은 후원자들의 생각도 많이 바뀌어서 사회복지공무원이 직접 아이들을 데리고 후원금을 받으러 나가는 일은 그리 흔치 않은 일이 되었다. 예전에는 후원금으로 충당하던 복지가 이제는 공적부조로 전환되어 정부예산으로 지원되는 것이 많아졌기 때문이기도 하다.

"부시장님 우리 새소망 아이들에게 불고기를 실컷 먹게 해주는 게 제 소망입니다."

시장님 대신 결연행사에 참석한 부시장님의 손을 잡고 새소망의 집 노주택 원장님(2005년 작고)이 간절하게 말씀하셨다. 비록 낡았지만 정갈한 느낌이 드는 하늘색 남방과 흰색 고무신을 신은 노 원장님은 평생 부모 없는 아이들과 함께한 따뜻하신 분이었다. 노 원장님의 진심이 통했는지 행사가 끝날 때쯤 부시장님 비서가 시설담당 공무원을 찾았다. 부시장님의 기관운영 판공비로 새소망의 집과 혜림원 아이들을 위해서 100만 원씩을 지원하기로 했다며 다음 날 비서실로 오라고 했다.

이건 정말 신나는 일이었다!

새소망의 집에서는 매월 첫째 주 일요일 저녁에 생일잔치를 한다. 160명의 아이들 생일을 따로 차려주는 것은 어려운 일이어서 한 달에 한 번씩 모두 같이 생일잔치를 하는 것이다. 생일잔칫날에 맞추어서 부시장님이 준 100만 원을 가지고 시청 뒤에 있는 '봉화 한우정육점'으로 갔다. 부시장님이 시설아동들에게 불고기로 한턱내는 것이니 아주 좋은 소고기로 100만 원어치를 달라고 했다. 마침 정육점 사장님은 고향친구가 시청에 근무한다며 좋은 고기를 듬뿍 더 얹어서 주었고, 맛있는 소고기는 새소망의 집으로 배달되었다. 생일잔칫날, 아이들과 함께 맛있는 불고기를 먹고 즐거운 오락시간도 가졌다. 월요일 아침 나는 부시장님에게 감사편지를 썼고, 편지와 함께 보낸 몇 장의 사진에는 아이들이 맛있게 불고기를 먹는 모습과 즐겁게 노래 부르는 모습도 함께 있었다.

그 후로 세 번 더 100만 원의 외부 기관장 후원금을 받아 고기배달

심부름을 하게 되었다. 부시장님은 부천의 기관장들과 식사를 할 때면, 이전에 노 원장님이 '새소망 아이들에게 불고기를 실컷 먹게 해주고 싶다'고 말한 것과 똑같이 말했음이 분명하다. 한국감정원, 부천 KT&G 총무과에서 내게 100만 원의 후원금을 지원하겠다며 연락이 왔고, 행사를 치를 때마다 부시장님에게 잊지 않고 감사의 편지를 보냈다. 덕분에 부시장님 앞으로 들어오는 모든 사회복지 민원처리는 내 몫이 되긴 했지만 말이다.

그해 크리스마스 날, 부시장님은 오늘 만들어 방금 매장에 나온 유통기한이 넉넉한 맛있는 도너츠를 새소망 아이들 모두에게 한 상자씩 선물해 주었다.

시설아이들은 후원품으로 들어온 먹을거리를 받으면 가장 먼저 유통기한을 확인한다고 한다. 아이들을 위하여 들어오는 과자나 음료수 등이 대부분 유통기한이 임박한 것이 많기 때문이라는 이야기를 들었을 때 마음이 아팠다. 아마도 그래서 아무리 많이 먹어도 시설아이들이 배가 고픈 것일까?

Chapter 10

다문화가정 이야기

깨끗한 옷을 입을 수 있는 권리

삼정동 성당 앞 수녀원에는 〈별사랑 이주민센터〉라는 작은 간판이 있고, 그 옆에는 조금 더 작은 크기의 〈별사랑 어린이집〉이라는 간판이 나란히 붙어 있다. 수녀원 건물 1층에는 어린이집이 있고 지하 이주민 센터에는 외국인들이 매일 저녁 모여서 고향 이야기도 하고, 한국어도 배우며 서로의 어려움을 나누는 아주 소중한 장소이기도 하다. 그들 중에는 한국인과 결혼해서 사는 다문화가정의 외국인도 있었고, 취업 중인 외국인 노동자, 체류기한이 넘어버린 불법체류자도 있었다.

수녀님들은 직장에서 해고당한 사람, 체류기한 연장이 넘어버린 불법 체류자들을 위해서 여러 가지 도움을 주기도 한다. 이들이 모여서 먹을 수 있는 간식을 준비하는데, 자주 모임에 빠지는 사람들이 있어서 수녀님들을 안타깝게 했다. 자주 모임에 오지 못하는 이유를 알아보니 옷이 없어서 그랬단다.

"갈아입을 옷이 없어서 모임에 못 왔어요."

이들은 대부분 반 지하방에 거주하는데, 빨래를 해서 제대로 말릴 곳이 없었다. 만일 비라도 오면 옷을 말리지 못해 당장 입고 나갈 옷이 없어지는 것이다. 이들이 사는 곳은 세탁기가 있더라도 놓을 곳이 없을 만큼 비좁았다. 수녀님들은 이주민센터에 건조기능이 되는 좋은 세탁기를 위해서 기도를 시작했다.

지역신문 기자한테 전해 들은 이야기였다.

이제부터 내 고민이 시작되었다. 어떻게 하면 그들에게 세탁기를 사줄 수 있을까? 우선 첫 번째는 건조가 되는 용량이 큰 세탁기를 사줄 수 있는 후원자를 찾는 것, 둘째는 후원자가 생겼다고 하더라도, 삼정동은 당시에 내가 근무하던 원미구청 관할지역이 아닌 오정구청 관할이었기 때문에 후원품을 지원하기 위한 결재과정에서 어려움이 예상되었다. 그렇게 몇 달이 지나갔다.

어느 날 부천여성청소년센터 관장님한테 전화가 왔다. 작년까지 청각장애여성들을 위한 한식조리과정을 경기도에서 예산을 지원받아 운영했는데, 올해는 예산이 삭감되었단다. 부천시 농아인협회에서 수화통역 자원봉사자를 지원하기 때문에 연간 200만 원의 강사비와 재료비만 지원되면 되는데, 장애여성들에게 이 돈을 부담하도록 하는 것은 매우 어렵다고 했다.

그 전화를 받는 순간, 삼정동 수녀님의 기도제목이 떠올랐다. 이주민센터 건조 가능 세탁기와 청각장애여성 조리 프로그램을 연결시키자!

부천여성청소년센터는 원미구 지역에서 다문화가정 지원사업을 운영하므로 오정구에 있는 다문화가정 외국인들을 위한 지원사업과 연계해도 별 문제는 없을 것 같았다. 나는 흔쾌히 관장님한테 청각장애여성을 위한 한식조리 실습비를 지원할 수 있을 것 같다고 대답했다. 메리츠화재 후원금이 아직 넉넉하게 남아 있었기 때문이다.

"수녀님, 건조가 되는 제일 좋은 세탁기로 마음껏 고르세요."

수녀님에게 이렇게 전화할 수 있어서 너무 행복했다. 여성청소년센터 담당자는 수녀원과 연계해서 차근차근 프로그램을 진행해 나갔다. 그리고 넉넉한 후원금 덕분에 청각장애여성들은 한식조리 외에 퀼트실습 프로그램도 진행할 수 있었으며, 서울 강서구의 '암탉이 우는 마을' 견학도 다녀왔다. 물론 메리츠화재의 본부장님, 부천농아인협회 회장님, 별사랑 이주민센터 수녀님 등 모두 함께 참석해서 개강식도 멋지게 진행할 수 있었다. 이 지원 사례 덕에 2013년에는 개인사례만 지원하던 메리츠화재의 걱정해결 후원사업이 2014년부터 기관이나 단체에도 지원할 수 있도록 규정이 바뀌었다.

작은 운영의 지혜가 여러 기관과 사람들을 행복하게 해줄 수 있었던 사례였다.

마리사와 아기

한겨울의 가운데인 1월 중순인 그날도 매우 추웠다.

동네 주민으로부터 겨울 내내 난방을 하지 못한 채 건물 옥탑방에 만삭의 외국인 여자가 혼자 살고 있다는 신고가 들어왔다. 이웃에 사는 주민들이 가끔 먹을 것을 가져다주긴 했지만 조만간 아기를 낳을 것 같아 걱정스럽다고 했다.

필리핀이 고향인 마리사는 스물여섯 살이었다. 2년 전 한국인 남자와 결혼을 해서 한국에 왔고, 마리사가 임신했다는 이야기를 들은 남편은 어디론가 가버렸다고 했다. 남편은 처음부터 생활비를 주지 않았기 때문에 처음부터 마리사는 공장에 다니며 일을 했다. 남편이 용돈을 달라고 해서 월급을 타면 매월 20만 원씩을 주었다. 그래도 그때는 남편이 있으니까 견딜 수 있었다. 낯설고 물설은 한국에서 마리사가 의지할 사람은 남편밖에 없었기 때문에 남편이 화나지 않도록 항상 조심하며 살았다. 그런데 아기가 생겼다는 이야기를 들은 남편은 화가 난 것 같았고 아무 이야기도 하지 않았다. 그리고 집을 나간 후 소식이 끊겼고, 아무리 전화를 해도 받지 않았다.

마리사는 계속해서 공장에 다녔지만, 배가 점점 불러오자 더 이상 공장에 나갈 수 없게 되었다. 보증금이 모두 없어지고 월세를 낼 수 없게 되자, 보증금이 없는 방을 찾아 이곳으로 오게 되었다고 했다. 한겨울인데도 얇은 스웨터만으로 만삭의 배를 가린 마리사는 낯선 우리를 보고 큰 눈만 껌벅거리고 있었다.

그렇게 우리는 마리사와 만났다. 당장 월세를 낼 수 없는 그녀를 위해 우리는 마리사가 살 수 있는 곳을 찾아야 했다. 그때 떠오른 사람이 있었다. 부천외국인노동자의 집에 근무하는 한나 씨의 도움을 받을 수 있을 것 같았다.

그녀는 10년 전 필리핀에서 한국으로 결혼해서 온 다문화여성인데, 현재 외국인 노동자 사무실에서 일하며, 언어와 문화가 서투른 이주민 여성들을 돕고 있었다. 평소에도 우리에게 매우 친절하고 많은 도움을 주었기 때문에 우선 마리사가 살 수 있는 곳을 찾기 위해서 연락을 했다. 다행히 외국인노동자회의 도움으로 마리사는 아주 작은 방이지만, 부엌이 있고 따뜻한 난방이 되는 쉼터로 옮길 수 있었다.

하지만 우리가 마리사를 위해 도와줄 수 있는 것은 별로 없었다. 그녀는 아직 국적취득에 대한 남편의 동의서명을 받지 못했기 때문에 외국인 신분이었다. 단지 긴급으로 지원할 수 있는 무한돌봄 생계비 지원이 있을 뿐이었다. 주머니에 한 푼의 돈도 남아 있지 않았던 마리사에게 생계비 지원에 대해 안내를 하니, 큰 눈에서 눈물이 뚝뚝 떨어졌다. 이제 살았다는 안도감이 그녀에게 눈물을 흘리게 했을 것이다.

그녀는 임신기간 중 제대로 영양섭취가 되지 않았기 때문에 임신중독증세를 보이고 있었고 정상 분만이 어렵다고 했다. 하지만 외국인 신분인 그녀에게 우리가 지원해 줄 공적부조는 거의 없었기 때문에, 우리가 연계할 수 있는 모든 민간후원을 찾아야 했다.

인공분만치료비 지원이 가능한 산부인과를 찾아야 했고, 출산을 위한 여러 가지 준비가 필요했다. 태어나는 한 생명이 소중한 만큼 준비해야 할 것은 너무 많았다. 우리는 다문화네트워크에서 50만 원의 지원비를 받을 수 있도록 신청을 했고, 중동에 있는 미래산부인과에서는 제왕절개 분만비용을 50만 원으로 해주기로 했다. 필리핀여성 자조모임에서도 마리사를 위해서 50만 원의 후원금을 주었다.

그리고 건강한 아들이 태어났다. 아빠가 어디 있는지 알 수 없었지만, 태어난 아기의 이름도 필요하고 출생신고도 해야 했다. 그런 행정절차야 우리가 평소에 하는 일이니 하나도 어려울 것이 없었다. 퇴원 후 산후조리가 필요한 마리사를 위해서 원미보건소에서 2주간 산후도우미를 파견해 주었다.

두 달쯤 지났지만 아직은 쌀쌀한 봄날, 마리사는 아기와 함께 원미구청 사회복지과를 방문했다. 차가운 옥탑방에서 처음 그녀를 만났을 때의 우울하고 두려운 모습은 찾아볼 수 없는 밝은 모습으로 아기를 안고 들어온 그녀를 보고 우리는 모두 탄성을 질렀다.

"아! 아기가 너무 예뻐요."

아직 눈도 제대로 뜨지 못하는 아기이지만, 하마터면 놓칠 뻔한 작은 생명이었다. 엄마젖이 부족한 아기를 위해, 우리는 인천 홀트아동복지회에 1년간 분유와 기저귀 지원을 신청했고 승낙이 되었다. 그리고 부천시 다문화네트워크에서도 아기 옷, 유모차 등을 지원해 주었다. 아무리 지원을 해도 부족한 것이 많겠지만 벙글거리며 웃는 아기를 보면 그동안의 슬픔과 어려움이 모두 녹아버리는 것 같았다.

2013년 아주 더운 여름날, 마리사의 저녁식사 초청을 받았다. 나는 과일과 계란 등 간단한 먹을거리를 준비해서 사례관리사와 같이 마리사의 집으로 갔다. 한나 씨 부부, 마리사의 필리핀 친구와 함께 마리사는 땀을 흘리며 음식을 준비하고 있었다. 필리핀식 닭볶음, 삼겹살 구이, 과일을 차린 풍성한 잔칫상이었다. 식탁을 놓을 공간도, 식탁도 없었지만 우리는 나무 밑에서 세 명의 필리핀 여성과 우리를 위해서 열심히 고기를 구워주는 한나 샘의 한국인 남편과 함께 맛있는 저녁식사를 했다.

우리를 대접하기 위해 음식을 준비하는 마리사는 아주 많이 행복해 보였다.

2013년은 참 행복한 해였다. 메리츠화재에서 원미구청에 5천만 원의 걱정해결후원금을 지원한 것이었다. 열 명의 걱정이 많은 사람을 선정해서 한 사람에게 5백만 원의 후원금을 지원하고, 걱정을 해결해 주는 후원금이었다.

이렇게 좋은 후원금이 있다니!

우리는 첫 번째 걱정해결 후원대상자로 마리사를 선정했고, 후원금을 지원하는 자리에서 그녀는 또다시 눈물을 흘렸다. 처음 우리를 만났을 때 흘린 두려움의 눈물과는 다른 눈물일 것이라는 생각을 해본다.

마리사와 아기는 아직 외국인 쉼터에서 살고 있다. 어찌 연락이 되었는지, 말없이 집을 나갔던 한국인 남편이 마리사가 살고 있는 곳을 찾아왔단다. 벙글거리며 웃는 아기를 보고 많이 기뻐했다는 이야기를 들으니, 나도 같이 기뻐진다.

이제 우리의 도움이 별로 필요 없어진 마리사를 보는 것은 더욱 행복하다.

비앙카의 노동시간은?

다문화가정 아이들 사이에서 성폭행 사건이 발생했다. 사무실에서 아동담당직원이 작은 소리로 사건경위를 보고하는 소리가 들렸다. 아직 초등학생이고, 모두 다문화 편모가정의 아이들이었다. 경찰서에서 조사 중이라고 하는데 형사처벌조차 불가능한 13세 미만의 어린아이들이었다. 자세한 이야기를 들으니 가슴이 아파온다.

이런 경우에 가해자와 피해자를 분리한다는 것 자체가 참 어려운 일이긴 하지만, 피해자인 여자아이는 지적장애 2급을 가지고 있는 이혼한 편모가정이다. 가해자인 남자아이는 태어난 지 8개월 만에 아빠가 교통사고로 사망을 한 편모가정의 아이였다. 양쪽 모두 엄마가 일을 하므로 공공부조는 받고 있지 않았다.

시청 무한돌봄팀에서 사례관리를 맡았는데, 가해자 쪽 엄마하고 도대체 연락이 되지 않아 진행을 못하고 있다고 했다. 동 주민센터에서 사례관리 대상자로 지정하기 위해 가해자 아이 엄마한테 전화도 하고 메시지도 보냈지만 '묵묵부답'이란다.

지난번 마리사의 사례관리를 진행할 때 많은 도움을 주었던 부천외국인노동자회의 한나 씨가 생각났다. 같은 필리핀여성이니까 비앙카를 알 수 있을 것 같았고 결과는 성공이었다. 한나 씨는 그녀를 잘 안다고 했고, 그동안의 사고과정도 이야기를 들었다면서 매우 걱정스러워 했다. 그녀를 만나야 도움을 줄 수 있으며, 꼭 만날 수 있도록 도와달라고 부탁했다.

그리고 바로 그 다음 날, 그녀는 한나 씨와 같이 점심시간에 구청에 왔다.

그녀는 12년 전 남편과 통일교로 필리핀에서 결혼했다. 그런데 한국에 와서 아들을 낳은 후 8개월 만에 남편이 병으로 사망을 했다. 남편의 보험금은 시댁에서 모두 가져갔고, 도와줄 사람이 아무도 없는 이곳에 그녀와 8개월 된 아들만 남았다. 도저히 혼자 힘으로 아기를 키울 수 없어서 필리핀 친정엄마한테 아들을 보냈다가, 여섯 살에 다시 데리고 왔다. 그녀는 밤늦게까지 공장에서 일을 해야 했기 때문에 아침에 출근할 때 약간의 먹을 것과 TV를 켜놓고 문을 잠근 채 출근을 했다. 그렇게 2년을 보내고 아들은 초등학교에 입학했다. 아들은 초등학교에 입학한 후에는 학교가 끝나면 지역아동센터에 갈 수 있었다.

나는 지역아동센터 시설장과 통화를 했다. 초등학교 1학년부터 아이에게 심한 폭력성과 결핍증상이 보였다고 했다. 엄마에게도 문제증상이 보였다. 자주 심하게 아이를 때리기도 했고, 아이에게 무관심했다. 지역아동센터에서 진행되는 교육과 치료를 받으며 아이는 조금씩 나아지는 것 같았지만, 뚜렷한 차이는 보이지 않았다. 지역아동센터 선생님은 너무 늦게 퇴근하고 아이에게 무관심한 엄마를 만나기 위해 여러 가지로 노력해 보았지만 실제로 엄마를 만나서 아이에 대해 이야기할 기회가 거의 없었다고 했다.

구청 상담실에서 만난 그녀는 하염없이 울었다. 하지만 충분한 대화를 나누기에 점심시간은 너무 짧았다. 점심도 굶은 그녀는 얼른 다시 공장으로 돌아가서 밤늦게까지 일을 해야만 했다. 더구나 그녀와의 대화는 중간중간에 한나 씨가 통역을 해야만 정확한 대화가 되었지만, 조금씩 그녀와의 소통은 시작되는 것 같았다. 아직 한국말도 서투른 그녀를 위해서 해야 할 일이 많았다. 그녀는 아침 8시에 출근을 한다. 그리고 매일 저녁 9시까지 잔업을 하고, 집에 오면 밤 10시가 된다. 토요일에도 일을 하고, 일요일에도 격주로 일을 한다. 그렇게 해서 그녀는 한 달에 170만 원의 월급을 받는다. 그녀가 아이와 함께 지내는 시간은 거의 없었다.

그녀는 하루에 12시간을 넘게 일하고 주말에도 제대로 쉬지 못한다. 주위에는 그녀를 지지해 줄 친구나 가족도 없다. 그리고 그녀가 하루라도 일을 하지 않으면 급여가 당장 줄어든다. 매달 월세를 내야 하고, 정기적으로 필리핀에 있는 가족들을 위해서 송금을 해야 한다. 집에 돌아오면 말썽꾸러기 아들은 컴퓨터 앞에서 눈을 떼지 않는다.

그녀는 필리핀 사람도, 한국 사람도 아닌, 그냥 일만 하는 '도구'라는 생각이 들었다. 그녀는 일을 덜 해야 한다! 그리고 아들과 같이 요리도 만들고, 외식도 하고, 영화구경도 가고 백화점 구경도 해야만 한다. 주말에는 공원에 산책도 하고 친구들과 찜질방에도 가야 한다.

그렇게 하고 살아야 사람이다!

그런데 그렇게 하려면, 돈이 필요하다. 급여를 적게 받는 만큼의 공공부조를 지원하면 되겠지만, 현재 그녀의 소득으로는 지원할 수 있는 것이 아무 것도 없었다. 잔업을 하지 않으면, 한부모가정 지원이 가능할 텐데…

하루는 그녀와 아들을 함께 만났는데, 생각만큼 아이는 나쁘지 않았다. 우리의 편견이 얼마나 무서운 것인지 다시금 깨닫는 순간이다. 얼굴에 조금씩 여드름이 돋기 시작한 아시아계 남자 아이였다. 아이와 눈을 맞추며 함께 이야기하는 동안 아이는 계속해서 엄마의 사랑이 필요하다는 신호를 보냈다.

이 아이에게 '아빠'가 있었으면 정말 좋겠다는 생각이 들었다. 8개월 때 아빠를 잃은 아이, 삼촌도 작은 아빠도 없는 아이였다. 나는 주위에 소문을 내기 시작했다.

"아빠가 되어주실 분을 찾습니다."

얼마 후, 친하게 지내는 부천타운의 김 기자에게 전화가 왔다. 부천시청 근처에서 상담실을 운영하는 문 선생님이 아빠가 되어주시겠다고 했단다. 선생님은 아이의 아빠가 되어주시고, 함께 일하는 사모님은 비앙카를 상담해 주시겠다고 했다.

세상에! 이렇게 고마운 일이 생기다니…

2014년 우리는 춘의동에 있는 중소기업에서 어려운 가정의 청소년 10명에게 매월 50만 원씩, 2년간 후원금을 지원하겠다는 제의를 받았다. 사장님은 고등학생을 지원해 주시겠다고 했지만, 나는 9명의 고등학생과 1명의 중학교 1학년생을 추천했다. 주위에 알려지는 것을 원치 않는 사장님을 빼고, 2014년 4월 초 원미구청장실에서 10명의 청소년에게 '모범청소년 생활장학증서'를 전달했다.

비앙카는 이제 잔업을 하지 않는다. 지난 주말에는 아들과 함께 대형마트에 가서 교복도 사고, 돈가스도 사먹었다는 소식을 한나 씨가 알려주었다. 다음 주에는 부천타운의 김 기자와 함께 아빠 문 선생님을 모시고 식사자리를 마련해야겠다는 생각을 했다.

그녀와 아이가 행복해졌으면 좋겠다.

작은 배려로 찾아낸 '한국 국적'

그녀가 결혼을 해서 한국에 온 지는 18년이 넘었다. 그녀는 경상도 산골에서 남편과 시어머니와 함께 농사를 지으며 살았다. 남편은 성격이 괴팍한 탓인지 그녀에게 마음을 주지 않았고 늘 그녀를 의심했다. 외국에서 시집온 여자들이 돈을 빼돌리고 도망을 갔다는 이야기를 들은 날이면 공연한 트집을 잡아 그녀에게 심하게 욕을 하고 때리기까지 했다. 남편에게 매를 맞는 며느리를 바라보는 시어머니는 말리기는커녕 같이 욕을 하며 눈을 흘겼다.

그녀는 서러웠다. 하지만 그동안 낳은 남매는 무럭무럭 잘 자라주었고 엄마의 슬픔을 이해해 주는 좋은 친구들이었다. 아무리 힘들어도 착하고 건강하게 자라는 아이들이 있으니 이겨낼 수 있었다. 하지만 남편이 아이들을 학교에 보내지 않고 농사일을 시키겠다는 결정을 내린 후에 그녀는 그곳을 떠나기로 마음먹었다. 남편과 이혼을 하기까지는 여러 가지 어려움이 많았지만 그녀는 모든 것을 혼자 견뎌냈다. 그녀에게 희망인 아이들이 있었기 때문이었다.

그녀가 처음 베트남을 떠나 한국으로 시집을 오는 것보다 더 큰 두려움으로 그녀는 아이들과 함께 부천에 왔다. 그리고 작은 월세방에서 그녀의 세 가족은 새로운 삶을 시작했다. 중학생인 딸과 고등학생인 아들의 학교도 부천으로 전학을 했고, 부천에 사는 베트남 친구들의 도움으로 동 주민센터에 찾아갔다. 한국의 공무원들은 친절하게 그녀의 어려운 사정을 들어주었고, 그녀의 가족은 한부모가정으로 보호받게 되었다.

이제 아이들은 돈을 내지 않고 학교에 다닐 수 있었고, 그녀는 자활사업에 참여하게 되었다. 그녀는 자활사업단에서 열심히 일을 했고 함께 일하는 한국사람들도 그녀를 많이 도와주었다. 그녀는 자활사업단에서 열심히 일을 해서 좋은 실적을 올렸고, 간병도우미로 일반사업단에 참가하게 되었다. 하지만 그녀는 한국 국적이 없었다. 그녀가 한국인이 아니어서 받는 여러 가지 불이익이 발생했다. 그녀를 담당하는 자활센터 사회복지사도 매우 안타까워했지만 방법이 없었다.

"선생님, 우리 사업단에 베트남에서 온 다문화여성이 있는데요. 한국 국적이 없어서 여러 가지 피해가 많아요. 다른 사람들과 똑같이 일해도 국적이 없기 때문에 보수도 훨씬 적게 받고요. 어떻게라도 도움을 주고 싶은데, 방법이 없어요."

어느 날 모임에서 만난 나눔자활센터의 소장님이 내게 도움을 요청했다. 나도 25년간 공무원생활을 했지만 가족관계등록법은 아는 것이 없었기 때문에 도와줄 방법을 모르긴 마찬가지였다. 하지만 18년 전에 한국으로 시집을 온 여자가 호적이 없다는 것은 조금 이상했다. 다음 날 출근해서 민원지적과에 물어보니, 호적담당자도 직접 서류를 봐야 안다고 했다. 지금은 한국남자와 결혼을 한 후 2년이 지나고 남편의 동의서명이 있어야 국적을 취득할 수 있지만, 예전에는 결혼과 동시에 국적을 취득할 수 있었기 때문에 이상하다고 했다. 나는 센터 소장님에게 곧바로 연락을 했고, 센터의 담당 사회복지사와 함께 한 뭉텅이의 서류를 가지고 구청에 찾아온 그녀를 만날 수 있었다.

나는 그녀와 함께 민원지적과 상담석에 앉았고 평소 안면이 있는 가족관계등록 담당 직원은 세심하게 서류를 검토하기 시작했다. 법무부 국적관련 취득부서에 전화를 하더니 알아보고 다시 연락해 주겠다고 했다. 우리는 그녀의 뭉텅이 서류를 담당직원에게 넘겨주었고, 김영옥 가족관계등록팀장님은 그녀에게 커피와 따뜻한 배려의 말을 전해주었다.

그리고 며칠 후 연락이 왔다. 그녀는 이미 18년 전에 결혼과 동시에 귀화가 인정되어 한국 국적을 취득한 상태였다. 오래전 호적이 정리되는 과정에서 가족관계등록부에 있던 그녀의 이름이 업무착오로 빠져버렸고, 아무도 그녀의 국적을 찾아주지 않았을 뿐이었다. 어쨌든 공무원의 단순한 배려만으로 그녀는 한국 국적을 찾았고, 이제는 일터에서 일한 만큼 보수를 받을 수 있게 되었다. 아이들에게도 떳떳하게 한국 국적을 가진 엄마가 되었으며, 자활센터 사무실에서도 그녀의 서류를 정리하는 것이 훨씬 수월해졌다.

나는 다시 한 번 생각해 본다. 우리 공무원에게는 별로 힘든 일도 아니고 큰 노력이 들어가는 것도 아니었지만, '국적을 찾는 일'은 그녀의 세 가족에게는 너무나 중요한 일이었다. 그리고 우리 주위에는 우리의 '작은 배려'를 기다리는 많은 사람들이 있을 것이라는 새로운 깨달음을 주는 작은 사건이었다.

Chapter 11

작은 친절이 세상을 바꿉니다

스트레스를 보람으로 바꿔야 행복합니다!

친절은 세상을 아름답게 합니다

공무원 활동가입니다!

스트레스를 보람으로 바꿔야 행복합니다!

“사회복지공무원들은 정말 대단해. 마음이 천사야. 우린 절대 그렇게 못해.”

다른 공무원들이 가끔 사회복지공무원들에게 하는 말이다. 행정직공무원들이 사회복지과로 발령이 나면 이번엔 좀 재수가 없어서 나쁜 곳으로 발령받았다고 생각하거나 최대한 빨리 다른 부서로 옮기고 싶어 한다. 그만큼 사회복지과가 격무부서라는 이야기다.

동 주민센터에 오는 민원인들은 무언가를 요구하는 사람들이다. 경제적 어려움으로 인한 도움을 요청하거나 심각한 질병이나 장애로 인해 고통을 겪는 사람들이 사회복지공무원을 찾아온다. 그들 중에는 찾아갈 가족이 아무도 없는 출소자도 있고, 평소 단골손님으로는 공격적인 알코올릭들이 일주일에 한두 번은 진상을 부리기도 한다. 하루종일 민원에 시달리며 내 몸의 에너지를 모두 다 사용해 버리고 나면, 퇴근 시간 무렵에는 온몸이 너덜너덜해진 느낌이 들기도 한다. 하지만 평생 일하는 직장에서 매일 이렇게 모든 에너지를 다 고갈시켜 버리면 우리는 너무나 불행해진다.

그렇다면 이왕에 하는 일, 즐겁게 하자!

남편의 폭력으로 고통받다가 자식들조차 버리고 나올 수밖에 없었던 여인, 장애나 중증질병은 없지만 근로능력이 미약한 젊은이, 멀쩡한 자식들에게 돌봄을 받지 못하는 독거노인, 그들은 당장의 끼니가 없기도 하고, 오늘 밤 들어가서 쉴 잠자리가 없는 경우도 있다.

우리를 찾아오는 대부분의 사람들은 아주 우울하고 절망스러운 모습이다. 가끔은 술의 힘을 빌려서 매우 공격적인 모습을 보이기도 하지만, 어떠한 사연이든지 간에 가족과 분리되어 힘들게 살아온 사람들이다. 그런 사람들이 갑작스러운 사고나 질병으로 절망에 빠지게 되었을 때 국가가, 그리고 사회가 그들의 손을 잡아주어야 한다. 그렇지 않으면 그들은 지금까지보다 훨씬 더 힘든 삶을 맞이하거나 그토록 힘들었던 삶과 이별해야 할 수도 있다.

이 세상에 죽는 일보다 힘든 일은 없을 것이다. 만일 사는 것이 너무 힘들어서 이 세상과 인연을 끊고자 한다면 인간이 할 수 없는 일이 무엇이 있겠는가? 우리를 찾아오는 많은 사람들 중에 몇몇은 '죽음'이라는 단어를 생각했을 것이다. 힘들게 관공서 문을 밀고 들어온 그들은 대부분 젊은 사회복지공무원에게 그들이 살아온 이야기를 해야만 한다.

'그동안 내가 얼마나 힘들게 살았고, 지금은 죽고 싶을 만큼 살기가 힘들며, 내게는 남아 있는 가족이 아무도 없는 이유'를 설명하는 일이 얼마나 고통스러운 일인지를 생각해 보았으면 좋겠다. 한치 앞도 모르는 게 사람 일이다. 내게는 절대로 그렇게 불행한 일이 닥치지 않을 것이며, 나는 절대로 그렇게 어리석은 행동을 하지 않을 것이라고 장담을 할 수 있는 사람은 그리 많지 않을 것이다.

친절하지만 당당하게 그들을 대하자.

사회복지공무원에게 찾아와서 본인의 어려운 사정을 말하기 전에 심하게 화를 내거나 공격적인 언어를 사용하는 사람들도 있다. 툭하면 시장님이나 시의원 이름을 들먹이면서 높은 사람과 연줄이 닿아 있다는 것을 과시하기도 하고 담당직원보다는 이 사무실에서 제일 높은 사람과 이야기하겠다고 요구하는 사람들도 있다. 하지만 그들의 그런 표현은 본인이 열등하다는 것을 나타내는 증거일 뿐이다. 또한 지위가 높은 사람들의 이름을 빌리지 않으면 아무도 그들을 쳐다보지 않을 것이라는 두려움 때문인 경우가 대부분이다.

그리고 도저히 상대하기 어려운 민원인을 만났을 경우에는 절대로 혼자서 해결하겠다고 생각해서는 안 된다. 내게는 아주 힘든 민원인이었지만, 내 옆의 직원에게는 그리 힘들지 않은 민원인이 될 수도 있으며, 혼자 하는 것보다는 함께 한다면 훨씬 수월해질 수 있으니 말이다. 하지만 그래도 너무 힘들 때가 있다. 그럴 때 우리는 충분히 화를 내야 한다. 평소에 사무실 책상 앞에 붙여놓은 시 한 편 소개하고 싶다.

내가 누군가에게
몹시 화가 났을 때는
화가 나지 않은 척해서는 안 된다.
고통스럽지 않은 척해서도 안 된다.
그 사람이 나에게 소중한 사람이라면
더욱 그러하다.
내가 지금 화가 났으며
그래서 몹시 고통스러워하고 있다는
사실을 그에게 고백해야 한다.

그러나 말은

아주 침착하고 차분하게 해야 한다.

틱낫한의 〈화〉 중에서

친절은 세상을 아름답게 합니다

'공무원은 매우 친절하다'라는 문장에 동의를 하는 사람들은 그리 많지 않을 것이다. 공무원들 스스로도 '공공의 적'이 되어버린 것 같다는 자조적인 이야기를 하는 것을 보면 더욱 그러하다. 하지만 내 주위의 공무원들은 대부분 친절하다. 오히려 거칠고 공격적인 민원인들한테 별다른 대응을 못하고 얼굴이 벌겋게 되도록 당하는 경우도 종종 있다. 하지만 내가 민원인의 입장이 되어서 관공서를 찾았을 때를 생각해 보면 거칠고 공격적인 민원인들을 훨씬 쉽게 이해할 수 있게 될 것이다.

예전의 내 별명은 까칠이었다. 초등학생 시절부터 대학을 졸업할 때까지의 친구를 모두 합해도 열 명이 채 되지 않는 것을 보면 나의 사회적 관계망은 형편없이 초라했던 것이 분명하다. 하지만 현재의 나는 만능 해결사, 왕발이라는 별명으로 불릴 만큼 왕성한 관계망을 형성하고 있다.

하지만 세상에 공짜는 없다. 까칠이에서 만능 해결사로 변모하기까지 많은 고난을 겪었다. 결혼 후 시댁식구들과 남편과의 수많은 갈등을 겪어내면서 나는 조금씩 어른이 되어갔다. 사무실에서 매일 만나는 상사와 동료들과 원만한 관계 유지를 위한 노력도 나를 성숙시켰다. 더구나 매일 만나는 사회복지 민원인은 내게는 정말로 큰 스승이었다. 그들이 요청하는 민원에 대해 짜증이나 불쾌한 감정을 표정이나 말투에서 조금이라도 드러내면 몇 배의 폭탄이 되어 내게 날아왔다.

가수 구창모의 '아픈 만큼 성숙해지고'라는 노래를 매우 좋아한다. 남편의 실직과 빚보증, 언니의 갑작스러운 죽음, 나의 질병… 이런 것들을 겪으면서 조금씩 삶의 깊이를 이해하기 시작했기 때문일 것이다. 어느 날 문득, 내가 화를 내지 않게 되었다는 것을 알게 되었다. 예전에는 그리도 쉽게 나던 화가 그냥 '허허' 하는 웃음으로 바뀌게 된 것을 깨닫고는 슬며시 웃음이 나왔다.

하지만 진정으로 나를 성숙시킨 것은 세상의 모든 것들에 대하여 감사하는 마음을 가지게 된 것이었다. 내가 만나는 민원인들은 너무나 힘들고 어려운 상황에 놓여 있는 사람들이 대부분이었다. 그럼에도 불구하고 삶을 포기하지 않고 살아가는 사람들의 모습은 경이롭기까지 했다. 그런 느낌을 마음속 깊이 간직하게 되니 저절로 내 주변의 모든 것에 감사하는 마음이 생기기 시작했다. 내게 가족이 있는 것도 감사하고 건강하게 매일 출근할 수 있는 것도 감사하고, 책상 위의 작은 화분에게도 감사한 마음이 들었다.

"속담처럼 살면 세상살이에 거슬림이 없어진다"는 말에 깊은 공감을 느끼는 것은 나이가 들어가는 탓일지도 모른다. 사는 것이 너무 힘들어서 우리를 찾아오는 사람들이 요구하는 모든 것을 다 들어줄 수는 없다. 하지만 그들의 입장에서 한 번 더 생각해 보고 일을 처리하고 해주자. 그렇게 하고도 안 되면 '말 한마디에 천 냥 빚도 갚는다'는 옛말처럼 마음이라도 다독여 주었으면 싶다. 힘들고 우울해질 때 내게 힘이 되어주는 친절에 대한 짧은 시 하나 함께 하고 싶다.

친절은 세상을 아름답게 한다.
모든 비난을 해결한다.
얽힌 것을 풀어헤치고,
곤란한 일을 수월하게 하고,
암담한 것을 즐거움으로 바꾼다.

톨스토이 〈친절〉

공무원 활동가입니다!

공무원들 중에도 매주 로또복권을 사는 사람들이 있는데, 그들에게 당첨이 되면 무엇을 할 것인가를 물어본 적이 있다. 많은 사람들이 좋은 집과 좋은 차를 사고 골프를 치러 필드에 나가고 싶다거나, 어려운 형제들에게 모두 집을 한 채씩 사주고 싶다고 대답했다. 그런데 그러면 정말 우리가 행복해질 수 있을까를 생각해 본다. 부자가 되는 것이 가난한 것보다는 좋긴 하겠지만, 아주 많은 돈이 있어도 큰 병에 걸리거나 내 곁에 사랑하는 가족이나 친구가 없다면 행복하지 않을 것이다. 어느 날 이런 생각을 해본 적이 있다.

'우리나라에서 가장 높은 대통령이나 가장 부자인 그룹 회장님이 제일 행복할까?'

물론 그렇지 않다는 것은 우리 모두가 잘 안다. 진정한 성공은 내가 태어났을 때의 세상보다 살아가는 동안 나의 활동으로 인해 내가 죽을 때에는 이 세상이 '조금 더 좋아진 상태를 만드는 것'이라는 말에 깊은 공감을 느낀다.

'사회복지'라는 단어가 익숙하지 않던 시절에 나는 공무원생활을 시작했다. 사회복지공무원은 행정기관의 주요 부서나 요직에 근무하지 않는다. 그리고 우리는 항상 사회의 가장 그늘진 곳에서 생활하는 어려운 이들을 만나고 그들을 돕는 일을 해야 한다. 그런 탓인지 같은 사무실에서 함께 일하는 직원들도 사회복지공무원들을 그리 좋아하지 않는 경우도 있다. 사회복지공무원들은 항상 무엇인가를 달라고 요구하는 사람들을 대하다 보니 가끔은 큰소리도 나고 심한 경우에는 폭력적인 민원인을 상대해야 한다. 그래서인지 가끔은 민원인과 사회복지공무원이 '동일시'된 것 같은 느낌이 들기도 한다. 오죽하면 여자 사회복지공무원은 배우자를 선택하는 기준이 매우 낮은 것 같다는 말을 할 정도이니 말이다.

하지만 동 주민센터에 사회복지 담당이 하루만 없어 보면 모두들 우리가 얼마나 중요한 조직원이었는지 알게 된다. 우리를 찾아오는 수많은 복지민원인들을 우리가 얼마나 잘 상담해 주고 수월하게 해결해 왔는지를 다른 공무원들이 깨닫게 된단다.

'공무원 활동가'

오랫동안 지역에서 함께 일한 지역사회 활동가들이 내게 붙여준 이름이다. 나는 이 호칭을 매우 좋아하며 자랑스럽기까지 하다. 그동안 글을 쓰느라 자료를 찾고 정리를 해보니 내가 해온 일들이 꽤 많았다. 어떤 것은 법을 바꾸는 계기가 되기도 했고, 전국 최초로 부천시 사업으로 시작한 것이 1년 후에는 보건복지부 사업으로 전환된 것도 몇 가지가 된다. 하지만 이런 일들을 나 혼자 힘으로 해내었다고 절대로 말할 수 없다.

집에서 설거지를 하다가 문득 떠오른 생각을 대충 메모해 두었다가 다음 날 사람들을 만나서 의견을 나누고 토론을 거쳐서 새로운 사업을 만들기도 했고, 함께 차를 마시며 이야기하다가 좋은 의견이 모아지면 함께 힘을 보탰다. 시작도 진행도 모두 우리는 함께였다. 예산을 세우기 위해서 시의원들의 도움을 받았으며, 시민들의 도움이 필요할 때는 시민연합회원들의 협조를 구했다. 그렇게 해서 만들어진 사업이 장애아동 보육료를 전국 최초로 지원했고, 지역아동센터 운영비와 교사 인건비 지원을 처음으로 시작했다.

하지만 아무리 많은 예산을 세워서 복지정책을 실천해도 항상 부족한 것이 복지예산이다. 빈곤의 느낌은 상대적이기 때문에 빈부의 격차가 심해질수록 우리 사회는 불행해진다. 백화점의 브랜드 의류나 신발매장 앞을 지날 때 기초생활수급자나 저소득가정의 아이들이 이렇게 멋진 물건들을 보며 들었을 느낌을 생각해 본다. 우리도 웬만해선 사기 어려운 비싼 옷이나 신발들인데 가난한 부모를 가진 아이들에게는 그림의 떡일 수밖에 없다. 그런 것들을 가지지 못해서 불행해진다면 우리 사회의 몇몇을 제외하고는 대부분 불행해질 수밖에 없다. 그래서 다시 한 번 생각해 본다.

함께 사는 세상을 만드는 일이 바로 우리 사회복지공무원이 앞장서서 해야 할 일이다. 사랑은 사랑을 낳고, 배려는 배려를 낳는다. 문득 펴든 시집에서 한 편의 시가 얼른 마음에 와 닿는다.

혼자 사는 게 안쓰럽다고
반찬이 강을 건너왔네
당신 마음이 그릇이 되어
햇살처럼 강을 건너왔네
김치보다 먼저 익은

당신 마음
한 상
마음이 마음을 먹는 저녁

함민복 〈만찬〉

영혼이 자유로운 공무원을 만나다!

이란주[1)]

"자원봉사 하고 싶다는 분들에게 분명하게 얘기해 드려요. 친구를 원하는 것이라면 환영한다고. 그러나 내가 뭔가 많이 가졌으니 나누어 주겠다는 자세라면 곤란하다고요. 봉사하는 분들은 받는 분들에 비해 단지 운이 조금 좋을 뿐이지 우월한 것이 아니잖아요. 어떤 부모님은 아이랑 같이 보육원에 가서 봉사하겠다고 해요. 나는 펄쩍 뜁니다. 아이를 시설에 데리고 가서 얘들은 고아란다, 이런 말 하고 싶은 거냐고. 그게 아니라면 엄마 혼자 가서 노력봉사 하시라고. 나를 욕해도 상관없어요. 시설 아동들이 얼마나 예민한데요. 과자 후원 들어오면 유통기한 먼저 봅니다. 버리기 직전에 후원물품으로 보내곤 하니까요. 후원하고 봉사하는 데도 정성과 바른 자세가 필요해요." 이처럼 알싸한 입장을 가진 공무원을 만나본 적이 있는가? 지난 2월 3일, 이영주 팀장에게 들은 사

---

1) 이란주 씨는 현재 아시아인권문화연대에서 일하고 있으며, 사람들의 다양한 삶을 소개하고 연결하는 데 큰 관심을 두고 있다. 이 글은 2015년 2월 지역신문 부천타운의 사람들 코너에 '이란주가 만난 사람'에 실린 글이다.

회복지 현장 이야기는 많이 맵고 아팠다. 그리고 그 현장을 뜨겁게 끌어안은 그의 삶은 자유롭고 따뜻했다. 그런데 아뿔싸! 정년 퇴임이 얼마 안 남았단다!

사례관리는 수렁에 빠진 이를 건져내는 일

무한돌봄센터는 2011년 경기도에서 시작되어 2012년에 부천시에도 조직이 생겼어요. 우리 일은 한마디로 수렁에 빠져 있는 사람을 건져내는 일이죠. 일상적인 일은 생계비 주고 이웃돕기 성금 나눠주는 일이에요. 그것에 더해서 우리는 당장 출소했는데 갈 곳이 없는 사람에게 수급자 자격을 인정해야 하는지 여부를 결정하고, 아픈 이가 있으면 긴급의료비를 지원해야 하는지 살펴보고 여부를 결정하지요. 정신질환, 폭력, 성적인 문제 등을 안고 있다거나 혼자서는 해결하기 어려운 문제를 가진 이들을 돕습니다. 문제를 안고 있는 분들은 스스로를 해하기도 하고 혹은 다른 사람에게 피해를 주기도 하거든요. 그런 일을 막기 위해 지침에 따른 지원과 함께 민간 자원을 최대한 연계해서 수렁에서 건지기 작전을 하는 겁니다. 일반적인 분들 입장에서는 그런 분들 상황이 이해하기 힘들 수도 있어요. 한 부부 이야기를 해드릴게요.

동사무소에서 일할 땐데, 한 젊은 여성이 상담하러 왔어요. 남편이 여관방에 누워 죽어가고 있대요. 이 여성은 가족들의 반대를 무릅쓰고 고아나 다름없는 남편과 결혼해서 잠시 행복했는데, 남편이 대형마트에서 일하다 사고를 당하면서 늪에 빠지기 시작했어요. 치료도 못 받고 일도 제대로 못하는 생활이 이어지며 월세보증금까지 모두 까먹고 결국 여관에서 생활하게 된 거죠. 남편이 설사와 혈변으로 점점 말라가니 그러다

죽을까 봐 아내는 덜컥 겁이 났대요. 그 상태에서 우리를 찾아온 겁니다. 남편 치료를 돕는 게 제일 급했어요. 그런데 긴급의료비는 입원 진료기록이 있거나 입원치료를 받을 경우에만 쓸 수 있으니 다른 방법을 찾아야 했어요. 나는 전에 내가 치료받았던 병원에 전화해서, 병원비는 내가 책임질 테니 무조건 환자 좀 봐달라고 했어요. 병원비야 얼마가 될지 몰라도 앞으로 어떻게 해결하면 되지 않겠어요. 그런데 몇 가지 검사를 하더니 큰 병원에 가랍니다. 접수비 한 푼도 없이 큰 병원으로 가서 사회사업실에 도움을 청하니 또 도와줍니다. 검사 결과 크론이라 하는 희귀성난치병이래요. 중환자실에서 20일 넘게 치료를 받으니 조금씩 나아지기 시작했어요. 이것은 입원치료니 긴급의료비로 지원할 수 있었어요. 치료받으며 심신허약 상태에서 벗어난 뒤로는 지역자활센터에 연결해서 교육을 받게 한 후 자활사업에 참여하도록 도왔어요. 돈을 조금씩 벌게 됐어도 그 어두침침한 여관방에서 부부가 자력으로 벗어날 힘은 없었어요. 우리는 '무한돌봄 주거지원제도'를 활용하여 월세보증금 300만 원을 지원했어요. 부동산을 하는 부녀회장님에게 부탁해서 중개수수료 없이 창문이 있는 싸고 깨끗한 방을 얻어주었어요. 2년 쯤 뒤에 구청으로 인사하러 찾아온 부부를 다시 만났어요. 청년부부가 어찌나 건강하고 아름다운지요! 남편은 건강해져 직장생활을 하고 있었고, 아내는 아기를 가진 지 6개월 되었대요. 두 사람을 보면서 나는 정말 행복한 일을 하고 있구나 하고 다시금 느꼈어요.

공무원은 일할 때 법과 지침 안에서 일해야 하는데, 가끔은 그게 현실과 잘 안 맞기도 해요. 그럴 때 나는 '내가 책임질게' 하는 소리를 자주 합니다. 하지만 정말 책임질 일은 별로 없어요. 동료 공무원들이 감사받을 거 걱정하며 지침을 안 벗어나려고 하는데 그러지 않으면 좋겠어요.

공금을 횡령한 것도 아니고 정말 어려운 사람 도와주려고 한 일은 감사하는 분들도 다 이해해 주거든요. 솔직히 감사 운운하는 것은 다 핑계죠. 주변 분들에게 내가 쓰겠다며 만 원만 달라고 하면 이상하게 생각하겠죠. 하지만 누군가를 돕기 위해 내가 2만 원 내면서 주변에 '만 원만 보태주세요' 하면 다 도와줍니다. 그런 마음으로 일하면 감사가 무서울 이유가 없죠.

행운처럼 다가온 사회복지 업무

사람 사는 일이 계획한다고 되는 게 아니데요. 살다 보니 그냥 되는 일이 많아요.

나는 공무원 되기를 원하지도 계획하지도 않았어요. 한 대학교에서 교직원으로 일하다 결혼하면서 그만두고 5년간 살림만 했어요. 중풍으로 누우셨던 시어머니 대소변 받아가며 병수발 하던 중에 돌아가셨는데, 갑자기 사회복지사 자리가 났다고 공무원으로 일해보라는 제안이 왔어요. 당시 시아버님이 계실 때라 가족들 반대가 심했어요. 내가 직장에 다니면 살림이며 시아버님 모시는 일이며 누가 하느냐고 시누이들이 난리였죠. 그래서 혼자 지내시던 시고모님 모셔와서 같이 살며 시아버님 모시고 어린 아들 돌보는 일을 다 해결했어요. 아버님 돌아가시고도 고모님과 몇 년을 같이 살았는데, 고모님은 늘 내 편이 되어주시곤 해서 아주 잘 지냈어요.

그렇게 서른둘에 뒤늦게 공무원이 됐죠. 동사무소 일 하다가 구청으로 올라갈 때는 공무원 공채 시험을 봐서 들어갔어요. 일하다 보니 더 전문적인 공부가 필요하다 싶어서 가톨릭대학교 대학원에서 사회복지를 공부했어요. 그때도 참 잊지 못할 일이 있었죠. 일주일에 두 번만 한 시간 일찍 퇴근하면 될 테니 휴가, 외출을 잘 조절하면 되겠다 싶었거든요. 그런데 막상 과장님이 허락을 안 해주는 겁니다. 대학원 다니고 싶으면 사표 내래요. 내가 또 고분고분 포기하질 않았겠죠. 주말에 출근해서 업무에 지장 없이 하겠다고 왜 안 되느냐고 따졌어요. 그 다음 날부터 과장님이 결재를 안 해줍니다. 당장 보조금 나가야 하는데 큰일 났어요. 계장님한테 상의했더니 계장님이 조용히 나가서 담배를 한 대 피우고 들어와요. 그러더니 과장님한테 가서 "이영주 씨가 학교 다니느라 업무 못 하는 거 있으면 내가 할 거니까 결재해 주세요" 하는 거예요. 하하하. 그 뒤로 내내 계장님한테 도움받고 과장님한테 미움받아가며 공부했어요.

애환과 뱃심

사회복지공무원 중에 업무 때문에 힘들어하는 사람이 꽤 많아요. 힘든 민원인을 만나면 그 상처를 자기가 받아들이고 혼자 끌어안으려고 하죠. 그러면 곤란해요. 그게 쌓이면 내가 죽는 거예요. 민원인들이 화가 잔뜩 나서 죽인다고 해요. 너 칼침 맞을 줄 알아, 휘발유통 가져올 거야, 이런 협박도 많이 하고 실제 폭력적인 행동을 하기도 해요. 그런 일을 겪으면 혼자 안고 있지 말고 뿜어내야죠. 나도 무지막지 욕을 들은 적이 많아요. 그런 상스러운 욕을 들으면 엄청나게 수치심과 모멸감을 느끼게 돼요. 내가 그런 일을 당해도 처음에는 동료들이 별로 신경을 안 썼어요. 나는 적극적으로 도움을 요청했어요. 그냥 고개 푹 숙이고 있거나 슬쩍 도망가는 사무장, 동장님에게 화를 내며 도와달라고 했어요. 내가 이런 일 있을 때마다 내 남편 데려와야 하는 거냐, 내 아들 데려와야 하는 거냐, 술 먹고 덩치 큰 남성들이 협박하고 폭력을 휘두를 때는 좀 도와줘야 하는 거 아니냐고. 그 뒤로 많이 달라졌어요.

내가 분연히 일어나면 남자직원, 공익들이 나서서 민원인을 살짝 들어내기도 하고 경찰을 부르기도 해요. 그런 진상 민원을 만나면 기싸움에서 이겨야 해요. 무서워서 물러서거나 폭력 때문에 원칙에 어긋나는 지원을 하면 계속 지나친 요구를 합니다.

악성 민원인이 자기 민원 해결 안 해준다고 시장을 만나겠다고 하면 만나라고 합니다. 그것은 당신 권리니까 시장을 만나도 되고 대통령을 만나도 된다. 그런데 이 일은 이런 이유 때문에 원칙적으로 안 되는 것이다, 라고 확실히 알려줍니다. 물론 공무원이 시민에게 갑질하면 안 되죠. 하지만 이런 경우에는 권위와 뱃심으로 맞서줍니다. 아, 우선 뱃심을 길러야 해요. 후배들에게도 이런 경험을 이야기해 주지만 자기가 직접 경험하기 전에는 그게 무슨 말인지 잘 모르는 것 같아요. 웃음.

내 상처를 치유하고, 상처받은 이들을 보듬고

사회복지 일을 하면 기를 많이 빼앗겨요. 하루종일 아프고 가난하고 이혼하고 암에 걸려 우울한 사람들을 만나고 나면 기가 다 빠져나가 기진맥진하지요. 그걸 이겨내려고 퇴근 후에는 하고 싶은 일을 했어요. 옷을 만들고, 떡을 만들고, 그림을 그렸어요. 심지어 양봉도 잠깐 했어요. 그런데 양봉은, 꿀벌이 평생 티스푼 하나 정도 꿀을 모은다는데, 세상에나 내가 그것을 뺏어 먹었네 싶어서 그만뒀죠. (웃음)

MBTI를 깊이 공부하며 나 자신을 돌아보기 시작했어요. 그러다 40대

중반에 많이 아팠거든요. 아프고 나서 나를 찾는 노력이 필요하다 싶어 그만뒀던 그림을 다시 시작했어요. 어려서 미대에 가고 싶을 만큼 그림을 좋아했는데 우리 집 형편에 미대는 곤란했지요 뭐. 늦게 시작한 그림을 꾸준히 그리다 보니 공무원공제회 미술전람회에서 우수상을 받기도 했어요. 우리 어머니도 60세 때부터 동양화를 하셨거든요. 어머니 77세 되시던 해에 모녀전 하는 게 소원이라 하셔서 같이 전시회도 두 번 했어요.

그 다음엔 미술치료를 2년간 공부했어요. 또 내친 김에 상담심리학도 공부했지요. 사람의 마음을 알아가는 공부가 즐거웠어요. 제일 좋았던 것은 공부하면서 내 상처를 치유했다는 거예요. 부모형제 관계, 조직과 친구들 관계에서 얻은 내 상처를 돌아보며 이해하게 됐으니까요. 세상에 상처 없는 사람이 없잖아요. 겉으로 볼 때는 다 행복한 것 같지만 속으로는 안 그렇지요. 단지 말을 안 할 뿐이지. 그런데 그 상처를 드러내 놓으면 오히려 더 편해져요. 남들 앞에서 행복한 척, 교양 있는 척하면 남들은 속지만 내 마음은 속지 않죠. 사람들과 친해지기 위해서는 내 상처를 내놓아야 해요. 내가 부끄러운 부분을 드러내면 곁에 사람도 '나도 그래' 하면서 응수해 오죠. 그러면서 소통이 일어나고 치유되는 거예요.

상담심리학 공부하니 사회복지 업무에도 큰 도움이 됐어요. 고질 민원인이 오면, 저 사람이 우리한테 뭐 내놓으라고 왔구나, 뭔가 해줘야 하는구나, 짐이고 힘들게 느껴지죠. 그럴 때는 반대 입장에서 생각해 봅니다. 고질민원은 명절 때면 더 심해지거든요. 그분들 중엔 혼자 사는 사람이 많아요. 명절 되면 갈 데도 없고 같이 음식을 나눠먹을 가족도 없어요. 싸움질을 해도 가족이 있으면 나아요. 이분들은 혼자 지하방에서 라면 삶아 먹는 게 다죠. 그러니 명절 때 되면 술 먹고 와서 더 난리를 칩니다. 상담심리학 공부하며 그 입장이 되어보고 또 그 상처를 들여다볼 수 있게 됐어요.

두 가지 별명

내가 공무원이지만 민간 쪽 사람들 하고 친해요. 사실 공무원 조직은 위계질서도 강하고 절차도 복잡해서 일하기 답답한 부분이 많거든요. 공무원 입장에서 하기 어려운 일을 민간과 협력해서 일을 풀면 더 쉽고 재미나게 일할 수 있어요. 공무원 후배들한테 이런 얘기를 해줘요. 공무원들이 공무원하고만 일하고, 공무원하고만 밥 먹고, 공무원하고만 산에 가면 안 된다고. 네트워크는 사회복지의 힘이라고. 민간과 관계를 만들고 서로 협력하는 일을 소홀히 하지 말라고요. 그렇게 사통팔달 일하는 모습을 보고 민간에 계신 분이 그래요. "이런 말이 있는지 모르겠는데 '공무원 활동가' 같아요"라고. 그 말이 마음에 쏙 들더라고요.

또 나이가 이만큼 드니 더 이상 여성일 필요가 없어졌어요. 조직에서 상사가 남성일 경우, 어려운 결재 받을 때 커피 한 잔 갖다 드리면서 살짝 애교도 섞고 그러거든요. 그런데 지금은 그럴 필요가 없지요. 뭐 국과장하고 나이도 비슷하고요. (웃음) 전에 페미니즘 책을 읽으니 '여성의 폐경은 축복할 일이다'라는 구절이 있더라고요. 폐경은 여성이 새로운 인간으로 다시 태어나는 과정이라는 거죠. 나도 나이 오십을 넘기면서 내가 여성이라기보다 어른이 되어가고 있구나 싶었어요. 옳은 일이라는 생각이 들면 눈치 안 보고 주장하고, 싫은 건 싫다고 말할 수 있지요. 윗분이 반대하는 일은 불편함을 피해가며 일을 해내는 지혜도 생기고요. 지금까지도 별로 거칠 것 없이 일했지만 앞으로는 더 할 수 있을 것 같아요. 퇴직도 얼마 안 남았으니 무서울 게 뭐가 있겠어요.

나는 민원인들에게도 격식을 따지지 않아요. '선생님'이라는 호칭도 쓰지 않고 말도 조심스럽게 안 해요. 하지만 그게 애정이라는 것을 서로 알지요. 아이들한테도 그래요. 문신을 잔뜩 하고 있는 녀석을 만나면 등짝을 치며 "야 이 녀석아, 니 몸이 종이냐? 돈 벌어서 다 지워. 나중에 장가가서 애 낳아봐라. 애기가 얼마나 무섭겠냐?" 하고 말해요. 아이는 그 말에도 웃고 있어요. 내 마음을 다 알거든요. 참 자유롭게 열심히 일했어요. 이렇게 사는 것을 보고 공무원 동료가 나더러 '자유로운 영혼'이래요. 내면이 자유롭고 열정적으로 일한다는 칭찬이라 생각해요. 퇴직하고서도 지역에서 인연 맺은 분들과 함께 자유롭고 열정적으로 일하고 싶어요.

사회복지 사례를 묶어 책을 내다

작년 말에 책을 냈는데요, 내가 24년간 사회복지 일을 하면서 겪은 일을 기록한 거예요. 나는 월급 받으면서 일한 건데 사람들이 나한테 고맙다고 하니, 이게 얼마나 감사한 일이에요. 일하는 과정에서 가슴 아파서 계속 마음에 남아 있는 일도 많았어요. 마침 보건복지인력개발원에 글쓰기 교육 과정이 있기에 참여했다가, 그간 현장에서 겪은 이야기를 정리해서 책을 내게 된 거죠. 사실 책이라고 하기에도 좀 그래요. 그냥 써지는 대로 썼거든요. 누가 내용을 봐준 것도 아니고. 나중에 보니 오탈자도 꽤 많더라고요. (웃음) 30권 만들어서 주변 분들에게 드렸는데 모두들 격려해 주셔서 나도 좋았어요. 가톨릭대 사회복지학과 김인숙 교수님은 책에 소개한 이야기를 학생들 교육에 활용해도 되는지 묻더라고요. 국내 사회복지 사례가 정리된 것이 거의 없어서 외국 사례를 쓰고 있다고 해요. 좀 더 다듬어서 정식 출판을 해볼까 생각하고 있어요. 퇴직 후에도 사회에 조금이라도 보탬이 되면 좋겠는데, 환경이나 노인에 관심 많으니 그쪽 일을 하면 어떨까 생각하고 있어요. 또 우리 집 1층을 작은 도서관으로 꾸며서 동네 사람들과 같이 하고 싶어요. 그런 일 하며 예쁜 할머니로 살아야죠.

2015년 2월 3일 이란주 쓰다

사회복지공무원의 공공사례관리

희망을 나누는 복지이야기

|저자| 이영주

|1판 1쇄| 발행 2015년 4월 20일
|2판 1쇄| 발행 2015년 7월 20일
|2판 2쇄| 발행 2016년 1월 20일
|2판 3쇄| 발행 2017년 11월 1일

|발행인| 김동훈
|발행처| 공동체

|주소| 경기도 고양시 일산동구 호수로 358-39, 동문타워Ⅰ 905호(백석동)
|전화| 031) 920-8305(대표)
|팩스| 031) 920-8308
|e-mail| compub@naver.com
|출판등록| 2005년 10월 6일
|등록번호| 제396-2005-36호

|ISBN| 978-89-6352-786-4
정가 13,000원